KB239413

스위치 대화의 힘

스위치 대화의 힘

초판 1쇄 발행 2014년 6월 17일
초판 2쇄 발행 2016년 7월 1일

지은이 한영진

발행인 김병주
총괄 CFO 이기택
기획 최윤서
편집 팽주라
디자인 황지은
마케팅 장은화, 김수경
펴낸 곳 ㈜에듀니티(www.eduniety.net)
도서문의 070-4334-2196
일원화 구입처 031-407-6368 ㈜태양서적
등록 2009년 1월 6일 제300-2011-51호
주소 서울시 종로구 삼봉로 57 종로호수빌딩 4층

ISBN 979-11-951761-9-9 / 13370
값 15,000원

이 책은 저작권법에 따라 한국 내에서 보호를 받는 저작물이므로 무단 전재 및 복제를 금합니다.
이 책의 국립중앙도서관 출판시도서목록(CIP)은 www.nl.go.kr/ecip에서 이용하실 수 있습니다.

상처받은 아이의 닫힌 마음을 열고 자존감을 높이는

스위치 대화의 힘

한영진 지음

에듀니티

학교에는 '따따따'가 있다. 학교에만 있는 것은 아니다. 가정에도 있다.

첫 번째 '따'는 따분한 말이다.
두 번째 '따'는 따끔한 말이다.
마지막 세 번째 '따'는 따스한 말이다.

따분한 말은 부모나 교사로부터 훈육을 받을 때 계속 지겨운 잔소리를 반복해서 들어야 하는 아이들 입장을 대변한 말이다. 헛수고이고 시간낭비이건만 어른들은 그것이 아이들을 따분하게 만든다는 것을 모른다.

따끔한 말은 상황이나 상태에 따라 때로는 아이들에게 꼭 필요한 말이다. 아이들이 분별력 없이 행동할 때, 따끔한 말 한마디는 방향을 잡고 자기행동을 절제하게 만든다.

아이들은 욕구 중심적인 행동을 충동적으로 하는 경향이 있다. 이것이 아이들의 본성이다. 그렇기 때문에 '되고 안 되고'의 제한선을 분명하게 인식시켜주는 일은 어른들의 몫이다.

이렇게 해주기 위해서는 따끔한 자극이 필요하다. 어릴 때 분명하게 새겨진 지침은 평생 지속된다. '마땅히 행할 길을 아이에게 가르치라 그리하면 늙어도 그것을 떠나지 않으리라.'는 잠언의 구절이 바로 그 말이기도 하다.

세 번째 '따'는 이 책의 중심 흐름이다. 따분함을 없애고 따끔함의 효과도 함께 품을 수 있는 말이 따스한 말이다. 자녀를 기르는 부모와 학생을 지도하는 교사가 갖추어야 할 기본적인 마음은 따스함이다.

아이들을 기르거나 가르칠 때 이 따스함이 없으면 아이들은 정서적으로 문제가 발생한다. 정서적인 문제가 바로 극복되지 않으면 2차, 3차 문제로 점점 복잡해지고 심각해져 문제 행동으로 발전된다.

뒤늦게 부모가 상담실을 찾아 발을 동동 구르지만 회복하는 데에는 상당한 시간이 걸린다. 걸리는 시간만큼 부모나 교사는 힘들어진다.

인정하고 격려하기에 인색했던 만큼 어른들은 고통의 시간을 감내해야 한다. 회복을 기다리는 동안 많은 인내와 견딤은 또 다른 훈련인데, 부모는 그 행동문제의 책임을 다른 데서 찾으려 하는 실수를 또 저지를 수 있다.

따스함으로 바라보고 기다려주면 되는데 어른들은 조급한 마음으로 여기저기 찾아다니며 진단하고 평가하는 일을 서두른다. 따스한 말 한마디에 얼어붙었던 마음이 눈 녹듯이 사라지고 힘과 용기가 생긴다. 봄바람처럼 훈훈한 관계가 형성되면 문제 행동은 사라진다.

이렇게 사랑받고 있다는 존재감을 확신한 아이들은 어려운 일을 당해도 잘 극복하고 더 강해진다. 그러면서 아이의 자존감이 커지는 것이다.

부모와 교사가 긍정적인 기대감을 갖고 아이들을 보는 것이 이 시대에 더욱 필요하다.

이솝 우화 중 '바람과 태양'을 모르는 사람은 없을 것이다. 바람은 자신만만하게 나그네의 옷을 벗길 수 있다고 큰소리쳤다. 그러나 바람이 불면 불수록 나그네는 벗겨질까봐 더 강하게 옷을 움켜잡았다. 반면, 태양은 말없이 따스한 볕을 내리쬐어주었다. 나그네는 더워서 옷을 훌러덩 벗더니 물속으로 풍덩 뛰어들기까지 했다.

이 이야기는 부모와 교사에게 백 권의 양육서보다 훌륭한 교훈을 주고 있다.

부모나 교사는 바람(windy)의 방법으로 아이들의 행동을 변화시키려 한다. 명령하고 지시하고 강요하면서 말이다. 그러나 당연히 헛수고일 뿐이다. 부모의 호통소리를 듣고 처음엔 겁을 내면서 듣는 것 같지만 점점 내성이 생겨서 건성으로 듣는다. 아이들은 커가면서 그것을 잔소리라고 생각하며 아예 귀를 닫기도 한다.

어떤 아이들은 반항을 하거나 어른들을 무시하기까지 한다.

이런 모습을 보는 부모나 교사는 허탈해지다 못해 맥이 빠지고 원망과 한숨만 늘어간다. '요즘 아이들이 왜 그러지?' 하며 푸념만 늘어간다. 언제까지 공염불만 되풀이 할 것인가?

반면, 햇볕(sunny)의 방법으로 지도하게 되면 문제 해결이 쉽게 된다. 따뜻하게 접근하면 아이들의 닫힌 마음이 열리고 기분도 좋아진다. 그래서 부모나 교사가 기대하는 행동을 할 뿐 아니라 그 이상의 행동까지도 한다.

햇볕(sunny)의 방법으로 지도하기 위해서는 몇 가지 원리를 알아야 한다. 이 원리를 찾아 양육과 교육현장에 적용하려고 그동안 많은 노력을 했다. 상담과 생활교육에서 대화가 필요할 때 이 원리를 적용하며 변화를 확인했다. 결과는 기대 이상으로 놀라웠다. 뿐만 아니라 그러한 관계 속에서 아이들의 자존감은 쑥쑥 커졌다.

바쁘게 휘둘리는 교사들에겐 쉽고 간단한 원리가 필요하다. 그래야 기억에 남을 수 있다. 그래서 만든 말이 '스위치 대화원리, 윈디와 써니, 명지강은 No 인격질은 Yes!'이다.

이 책의 소재가 된 에피소드들은 필자가 자녀양육 경험과 학생 상담 경험에서 건져 올린 소중한 이야기들이다. 가정의 이야기를 공개하는 데는 용기가 필요했다. 용기를 낸 동기는 이 땅의 부모와 교사들이 따스한 대화를 통해 아이의 자존감을 키우기를 바라는 마음에서이다.

이 책이 아이들이 자라는 모든 가정과 학교에 따스함을 풀어놓음으로써 화사한 정원같이 빛나는 현장이 되기를 바라는 마음 간절하다.

끝으로 오늘이 있기까지 함께 해준 귀하고 소중한 가족과, 평생 즐거운 일터였던 학교와 사랑하는 아이들! 그리고 이 책을 정성껏 펴내주신 출판사 에듀니티의 편집부 여러분께 감사드린다.

2014년 6월

저자 햇담 한영진

학부모 동아리 시간 때 어머니들이 하시던 말씀이 기억난다.

'모든 일에는 자격증이 필요한데 부모는 자격증도 없이 시작해서 힘들어요. 늘 시행착오를 겪고 마음 아파하는데 어떻게 하면 부모 노릇을 제대로 할 수 있을까요?'

이런 하소연을 들으면 나 역시 부모인지라 공감을 하곤 한다.

이 책을 통해 이런 부모들의 마음에 위로와 힘을 줄 수 있음을 발견해 기쁘다.

이 책이 이제부터 대안이다. 부모교육을 전공한 전문가의 노하우, 아이의 자존감을 살리는 결정적인 말을 찾아내는 지혜와 세심한 전략과 훈련 방법 등이 안내되어 있다.

아주 심플하면서도 핵심적인 대화기술인 스위치 원리!

한 아이를 기르기 위해 온 마을이 필요하다는 정신으로 '내 아이 네 아이 우리 아이'라는 생각으로 품어주기, 부모를 팔아 친구를 사는 사춘기 자녀의 심리를 헤아리는 세련된 대화 기술, 서로를 살리는 가족 간의 대화 방법 등 구체적인 사례로 하여금 따스한 말을 습관이 되게 한다. 40여 년 선생님의 노하우를 엿볼 수 있다.

글은 사람이다. 저자의 부모교육 강연을 몇 번 들은 나로서는 책을 읽는 내내 저자의 따스하고 부드러운 목소리가 귀에 들려온다. 사랑이 전해진다. 40여 년 학교현장에서 아이들을 가르친 경험, 10여 년 학교 상담실을 운영하며 쌓인 다양한 사례와 상담 노하우가 여기 고스란히 담겨있다. '스위치 대화원리, 윈디와 써니, 명지강은 NO! 인격질은 YES!'까지. 나는 우선 이 책을 우리학교 선생님들, 또 독서 동아리 어머니들과 함께 읽고 싶다.

첫 페이지를 여는 순간부터 마력에 끌리듯 쉬지 않고 읽어 내려가면서 줄곧 느껴지는 따스함. 교사나 부모 모두 훈련이 필요하다. 지금 학교현장은 아이들을 너무 쉽게 생각하는 분위기 아래 다양한 문제를 안고 있다. 이 책이 필요한 시점이다. 이제 여기서 안내한 원리들이 습관화되도록 마음에 새기며 하나씩 실천해 보리라.

부모, 교사, 또래 등 긍정적 피드백을 통해 형성된 자존감, 아동기에 반드시 형성시켜야 할 아이의 자존감, 그 힘으로 자기를 사랑하고 타인도 신뢰하는 힘을 기르는 소중한 인간관계, 부분 자극의 확대 효과, 사회적 자존감을 높이기 위해 친구 맺어주기 등 구체적인 방법들을 세세히 적용해볼 생각이다. 이 생각만으로 내 마음은 벌써 아이들과 함께 행복으로 한걸음 내딛고 있다.

2014년 6월

김연옥 수석교사(서울 대모초, 교육학 박사)

차례

1 매일 화내는 어른들

부모들의 화

필자가 학부모를 대상으로 강의할 때 거의 빼놓지 않고 강조하는 주제는 자존감이다. 그때 주로 나누는 대화는 '어떻게 하면 아이의 자존감을 키워주는 부모역할을 할 수 있을까?'이다.

이에 대한 구체적인 방법을 소개하다 보면 어김없이 '화 다스리기, 대화 기술, 좋은 성품 지도, 욕구와 당위성을 스위치하기' 등등의 내용이 들어간다.

최근 한 강의에서 학부모에게 자녀를 키우면서 제일 화가 날 때를 적어보도록 한 일이 있었다.

그때 나왔던 의견 중에서 베스트 5를 정리하면 다음과 같다.

• 시키는 일을 곧바로 안 할 때

- 할 일을 미루고 있을 때
- 학원 갈 시간에 미적미적 거릴 때
- 말대꾸할 때
- 엄마 말을 무시할 때 (한 귀로 듣고 한 귀로 흘릴 때)

정리하고 보니 다섯 가지 내용이 서로 관련이 있는 것들이다. 1, 2, 3은 결국 같은 내용이다.

할 일을 미루고 있거나 학원에 가야 할 시간인데 미적거리는 모습을 볼 때 부모는 빨리 하라고 다그칠 것이다. 그런데도 시키는 일을 곧바로 하지 않으면 엄마는 무시당하는 듯한 느낌이 들 것이고, 언성이 높아질 것이다. 거의 동시에 자녀는 말대꾸를 할 것이다. 이렇게 되면 부모와 자녀 간에 팽팽한 기 싸움이 일어나고 서로의 자존심 대결로 번지다가 결국에는 험악한 분위기가 연출될 것이다.

다음으로, '그렇게 화가 날 때 주로 어떤 행동을 하게 되는가'에 대한 답변 중에서 베스트 5를 정리해보았다.

- 무조건 소리 지른다. (빨리 안 해! 하나, 두울, 셋!)
- 잔소리를 시작한다. (나중에 뭐가 될래?)
- 처음엔 좋게 말하다 나중에 더 화가 나서 소리치게 된다.
- 잔소리로 시작하다 폭언한다.
- 타이른다. (내가 그렇게 가르쳤냐? 그렇게 크면 못쓴다 등.)

그 외, 잔소리 3절까지, 참고 기다리다가 5분쯤 후에 불러내서 혼내기, 엄마 말을 들을 때 좋은 점과 안 들을 때 나쁜 점을 비교하기 등이 있었다. 대부분의 학부모는 이런 답변들에 거의 공감할 것이다.

그렇다면 아이들의 불만거리는 무엇일까?
다음은 아이들의 불만 내용이자, 이럴 때 화가 난다는 의견을 정리한 것이다.

- 잔소리하는 부모가 싫다.
- 화를 잘 내는 엄마가 싫다.
- 학원이 없어졌으면 좋겠다.
- 모든 잔심부름을 나에게만 시키는 것 같다.
- 내 카톡을 감시하는 게 싫다.

그 외 불만거리로는 잔소리하는 할머니, 외모에 대한 불만, 대드는 동생, 부족한 용돈, 거짓말하는 자신, 친구들로부터 받는 무시나 소외, 부담스런 학교 공부, 아빠의 담배, 컴퓨터 게임 시간 제한 등이 있었다. 이런 상황에서 아이들은 화가 나고 참기 힘들다는 것이다.

아이들의 의견을 보니 화가 난 부모의 언행에 꽤 많은 스트레스를 받고 있었다. 어떤 남학생은 불만거리 중 하나로 '엄마의 불꽃 잔소리'란 표현을 사용하기도 했다. 자녀에게 화를 내며 잔소리하는 것이 불만거리 중 1, 2위였다.

이 세상에서 가장 아름답고 무조건적인 사랑의 관계는 바로 부모와 자녀 관계다. 그런데 부모의 생각과 아이의 생각을 정리하고 보니, 어디서부터인지 모르지만 서로 어긋나 있음을 알 수 있다. 부모는 자녀에게 소리 지르고 화내고 잔소리하는 일이 다반사다. 자녀는 그렇게 강요만 하는 부모가 싫다. 부모는 자녀 때문에 화가 나고, 자녀는 부모 때문에 힘들다고 한다. 이런 상황은 참 아이러니하다.

이렇게 서로를 탓하는 소통 방식은 계속 반복되고 있다. 이 악순환의 고리를 끊지 못하는 것이 참으로 안타깝다.

그렇다면 왜 부모는 사랑스런 자녀에게 그렇게 소리 지르고 화내며 잔소리를 하는 걸까? 사랑스럽고 귀한 자녀가 자기 때문에 스트레스 받는 것을 알면서도 왜 같은 행동을 반복하는 것일까?

부모역할 교육에 참여한 부모들은 교육 내용에 거의 만족을 하는 편이다. 배울 때만큼은 자기반성을 잘 한다. '집에 가면 꼭 배운 내용대로 해봐야지.' 다짐하며 귀가한다. 그러나 막상 자녀에게는 잘 적용하지 않는다. 아이가 부모 마음에 들지 않는 행동을 하면 기존의 습관대로 바로 화를 내며 잔소리를 한다. 방법을 아는데도 실천하지 못하니 부모도 스트레스를 받는다. 부모들은 하나같이 하소연한다. 자녀와의 관계를 회복하는 대화법을 알면서도 더 악화시키는 자신의 모습에 자괴감이 든다고 말이다.

교사들의 화

'화'라는 감정은 어릴 때부터 누구나 경험하지만, 어느 누구도 그 감정을 어떻게
다스려야 하는지에 대해선 가르쳐주지 않았기 때문이다.

그렇다면 비교적 이성적인 역할을 하는 교사들은 어떨까?
어느 날, 점심식사를 하는 자리에서 교과교사 한 분이 푸념을 한다.

– 정말 너무 힘들어요. 몇 반 아무개 때문에 수업을 못 하겠어요.
  오늘도 수업하던 중 아무개가 분위기를 다 망치는 바람에 속상
  해서 중간에 나오고 싶은 걸 간신히 참았어요.

그 학급에 들어가는 몇몇 교사들이 이구동성으로 거든다.

– 저도 2교시에 무척 힘들었어요. 그 애는 자기 할 일은 안 하고
  다른 아이들 일에 참견만 하더라구요.
– 그 아이는 하지 말라고 하면 더 하는 아이에요. 아무리 야단을

해도 교사 말은 들은 척도 안 해요. 그냥 저 하고 싶은 대로만 해요.

– 차라리 모른 척하고, 다른 애들하고 수업하는 게 나아요.

– 그렇게 하려고 해도 다른 애들까지 동조하니까 문제지요.

– 그 아이 혼자라면 좀 견디겠는데 점점 동조하는 아이들이 늘어나서 통제가 안 돼요.

– 따끔하게 매라도 들면 좀 나아질까. 말로는 전혀 안 되는 아이예요.

– 맞아요. 이럴 때 따끔한 회초리라도 허용된다면…….

교사들이 화가 날 때는 주로 이런 경우다. 요점은 아무개 학생이 자기 할 일은 하지 않고 다른 애들 일에 참견만 한다는 것이다. 그러다가 꾸중을 들어도 '쇠귀에 경 읽기'일 뿐이라는 소리다. 게다가 더 속상하고 화가 나는 이유는 아무개를 따라하는 아이들 때문에 학급 분위기가 엉망이 된다는 것이다.

수업시간에 딴짓하는 아이들, 교사에게 반항하는 아이들, 훈계를 전혀 듣지 않는 아이들, 이런 아이들이 한두 명만 있어도 교실 분위기는 엉망이 되기 쉽다. 아이를 꾸중하다 보면 수업의 흐름이 금세 끊어진다. 교사의 감정이 깨지면 학급 전체에 악영향을 미친다.

이렇게 점심시간에 교사들은 서로 화풀이용 공감 멘트를 주고

받으며 입속으로 모래알 같은 밥을 꾹꾹 밀어 넣는다. 그러면서 동료 교사와 공감을 주고받으며 화와 분노를 삭인다. 특히 비담임 교과교사들은 더욱 그렇다.

필자는 교사들의 대화에서 한 가지 의미 있는 사실을 발견했다. 경력 3년 차 여교사는 '난 화를 다스려야 한다는 것을 어른이 돼서야 알았다.'는 말을 했다. 그 말에 필자는 좀 의아했다. 화를 다스려야 한다는 것을 어른이 되기 전까지는 몰랐다니!

그런데 곰곰이 생각해보니 이해가 가는 말이기도 했다. '화'라는 감정은 어릴 때부터 누구나 경험하지만, 어느 누구도 그 감정을 어떻게 다스려야 하는지에 대해선 가르쳐주지 않았기 때문이다. 고작해야 '참아라!'가 아니었던가? 화가 나면 참아야 한다는 것이 어른들의 오랜 가르침이었다. 따라서 화를 참지 못하고 표출하면 죄책감이 들기도 했다. 화가 난다고 금방 언성을 높이거나 화풀이하는 식의 말을 하면 무식한 사람, 교양 없는 사람, 가정교육이 안 된 사람으로 취급당했지 그 화를 어떻게 다스려야 하는지에 대한 구체적인 방법은 아무도 가르쳐주지 않았다.

요즘 들어 교사를 감정노동자로 보는 시각이 늘어나면서 사회가 교사의 화에 관심을 갖기 시작한 것은 다행스런 일이다. 교사 연수과정에는 학생과 교사 자신, 그리고 학부모를 위한 감정코칭 과정도 개설되어 있다. 그 핵심내용은 자신과 상대방의 여러 감정을 인식하고 이해하며 표현하고 공감해주도록 하는 것이다. 그런 과정을 통해 화를 잘 조절하고 다스리도록 훈련할 수 있음이 다행이다.

　성장하면서 화를 낼만한 일은 대개 가족이나 또래 친구로부터 온다. 하고 싶은 일을 못 하게 하거나 형제간에 서로 귀찮게 할 때, 혹은 무시당하거나 과도하게 혼날 때 솟아오르는 감정을 억누르다보면 화가 쌓인다. 결혼한 후엔 부부사이에, 자녀를 낳고부터는 부모와 자녀 간에, 나아가 고부나 장서 간에 화낼 일이 많아진다. 그러나 가정에서 받는 스트레스가 적거나 욕구좌절 경험이 거의 없으면 화를 덜 내게 된다. 어른이 되어서야 화를 다스릴 필요성을 깨달은 그 교사는 다행스럽게도 화낼 일이 없는 분위기에서 편안하게 성장했을 것이다. 화를 돋우는 다양한 아이들을 만나지 못했더라면, 운 좋게도 평생 화로 인한 부담이나 그 심각성을 느끼지 못하며 지냈을지도 모른다.

화는 다스릴 수 있다

화를 다스리는 것은 교육에 의해 가능하다는 것이다.

그럼 화는 어떻게 다스려야 할까?
그날 우리는 두 가지 좋은 결론에 도달했다.

첫째, 분노 조절은 차분히 지도하면 변화가 가능하다는 사실이다.
둘째, 아이들이 화를 잘 다스리게 하려면 교사가 먼저 본을 보여야 한다는 것이다.

교사가 되어 아이들과 생활하다 보면 화가 나는 일이 자주 있다. 때로는 감정에 북받쳐 '내가 이러다 무슨 일을 저지르겠구나.'라고 위기감을 느꼈다는 교사도 있다. 그 교사는 심각성을 느끼고 분노 조절에 대한 연수를 따로 받았다고 한다. 그러고 나니, 화가 날 때 나름대로 자기조절을 하면서 아이들과 잠시 거리를 두고 시간을 벌게 되었다고 했다. 그렇게 하니 자연스럽게 아이들에게 상처 주는 말도 덜 하게 되더라는 것이다. 이로써 알 수 있는 사실은 화를 다스리는 것은 교육에 의해 가능하다는 것이다. 이 얼마나 희망적인 말인가?

화를 다스리는 이론 중에 REBT(Rational Emotive Behavior Therapy)라는 것이 있다. 이 이론의 창시자인 엘리스(A.Ellis)는 화내는 것을 신념의 차이에서 찾는다. 같은 사건이라도 바라보는 사람들의 신념의 차이에 따라 화를 내기도 하고 안 내기도 한다는 것이다.

어떤 개인의 신념이 과연 합리적인가 비합리적인가를 찾아내어 비합리적인 신념을 논박하는 과정을 거친다. 그러면 어떻게 될까? 그 과정을 통해 자신이 화를 내게 된 신념의 선행사건을 알게 된다. 그리고 그 선행사건은 생각하기에 따라서 굳이 화를 내지 않아도 될 사건이었다는 것을 깨달을 수 있다. 이것이 바로 REBT의 핵심이다. 즉, 합리적·정서적 행동 치료다.

정리하자면, 화를 내게 만드는 비합리적인 신념을 찾아 합리적 신념으로 바꾸어주면 합리적인 행동을 하게 된다는 것이다.

가령, 뱀만 보면 지나치게 놀라는 사람이 있다고 치자. 그 사람은 구불구불한 긴 끈만 보아도 흠칫 놀라게 된다. 그 사람의 비합리적인 신념은 '길고 구불구불한 것은 뱀이다.'라고 할 수 있다. 이것을 논박하면 '길고 구불구불한 것이 다 뱀이냐?'라고 물을 수 있다. 그럼 기존의 비합리적인 신념은 '길고 구불구불하다고 다 뱀은 아니다.'라는 합리적인 신념으로 바뀌게 된다. 이렇게 합리적인 새로운 신념이 생기면 유사한 상황에서 더 이상 놀라지 않는다. 이 방법은 매우 논리적인 절차를 통해 사람들의 정서를 다스리도록 하는 접근법이다.

그런데 이런 합리적 방법은 서구식 삶에는 어울리겠지만 동양인에게는 많은 훈련을 요구한다. 각 민족마다 가지고 있는 집단무의식의 차이 때문에 삶의 방식에서도 차이를 보이는 것이다.

화를 다스리지 못하면

화는 참지 못하면 자신과 타인에게 심각한 후유증을 남기기도 하므로
조심스럽게 다스려야 한다.

베트남의 선승 틱낫한 스님의 '화'라는 시의 첫 구절은 다음과
같이 시작된다.

'그대 마음속에 분노가 고여 들거든, 우선 말하는 것을 멈추십시오.'

성경에서는 화에 대해 이렇게 말하고 있다.

'분을 내어도 죄를 짓지 말고 해가 지도록 분을 품지 말라.'

이 두 구절에 담긴 의미를 생각해보자.

첫째, 화라는 감정을 인간의 일반적인 감정으로 인정하고 있다.

둘째, 화는 잘 다스려야 한다는 내용을 담고 있다.

셋째, 화를 잘 다스리지 못하면 이차적 문제가 발생한다는 것을 염두에 두고 있다.

그 이차적 문제란 바로 파괴적인 행동이다. 사람을 해치거나 내면에 상처를 남겨 인간관계를 파괴하는 것 말이다. 그래서 틱낫한 스님은 화가 날 때 말하기를 멈추라 했고, 성경에선 하루가 가기 전에 화를 풀라고 권면하고 있다.

세계 여러 나라 사람들 중에 유독 화를 잘 내는 민족이 우리 민족이라고 한다. 오죽하면 한국인 이민 1세대에서 주로 관찰되던 '속앓이' 증상을 정신질환의 하나로 보고 진단 병명을 '화병(hwabyung)'이라 명명했을까?

화를 주제로 한 옛말에 '홧김에 서방질한다.', '참을 인(忍)자 셋이면 살인도 면한다.', '가랑잎에 불붙듯 한다(화를 내는 모습).' 이런 말들이 있다. 이 모두 화가 얼마나 심각한 여파를 미칠 수 있는지를 나타내는 말이다.

정상적인 조건이나 상황에서 범죄를 저지르는 사람들은 대개 악한 의도를 갖고 있다. 그러므로 그에 상응하는 벌로 다스려야 한다. 그런데 화가 난다고 돌이킬 수 없는 일을 충동적으로 저지르는 사람들의 문제는 더 심각하다. 맨정신으로 돌아오면 대부분 후회한다. 자기도 왜 그랬는지 모른다는 둥 후회와 책임회피 발언만 한다. 그렇다고 되돌릴 수 있는 일이 아니며, 책임에서 자유로울 수 없다.

그렇다면 궁금증이 생긴다. 주변 사람들을 살펴보면 유난히 화를 자주 내는 사람이 있다. 똑같은 상황인데 반응이 다른 것이다. 어떤 사람은 화가 나면 얼굴이 빨개짐과 동시에 말이 빨라지고 감정이 고조된다. 그런 사람은 주위 사람들을 긴장하게 만든다. 반면, 반응이 느리거나 무심하며 감정 변화 없이 무덤덤한 사람도 있다. 그런 사람들은 화를 불같이 내는 사람을 오히려 이상하게 생각한다. 이러한 차이는 어디서 오는 것일까? 선천적 기질이 달라서일까? 아니면, 환경이 달라서일까?

2013년 초, 층간소음으로 이웃 간에 살인사건이 일어났다.

이쯤 되면 '이웃사촌'이란 말은 옛말이고, '이웃원수'란 말이 더 어울릴 지경이다.

이웃이란 개념은 단층집이 나란히 늘어선 대등한 구조의 주택가에서만 가능한 것인지도 모르겠다. 요즘처럼 고층 아파트의 상하구조 속에서는 이웃사촌이란 말이 낯설다. 예전엔 한 달에 한 번씩 반상회 자리에 모여 얼굴을 마주할 기회라도 있었지만, 언젠가부터 반상회가 슬그머니 사라졌고 옆집에 누가 사는지도 모르게 됐다.

　이런 현상은 고급 아파트일수록 심하다. 서로 얼굴도 모르고 말 한마디 섞어보지 않았으니, 불편을 주는 상대에게 기분 나쁜 감정을 굳이 감출 필요가 없어졌다. 화를 참을 수 없게 된 것이다. 층간소음 때문에 아래층 사람이 위층 사람에게 불평을 했고, 위층 사람은 그 정도 소음도 내지 않고 살 수 없는 노릇이라며 반기를 들었을 것이다. 그러다 서로 감정이 격해져 싸움이 나고 비극적인 결말로 치달은 것이 아니겠는가?

　'이웃원수'를 넘어 '부부원수'가 된 사례도 있다. 청주에 여자교도소가 있다. 그들은 다양한 죄목으로 감금됐지만 여성 재소자의 30% 가량이 남편을 살해한 죄로 복역 중이라고 한다. 67년간이나 함께 살았던 남편을 목 졸라 죽인 80대 할머니는 남편의 외도와 폭력을 오랫동안 견디며 살았다고 한다. 무슨 정이 남아 있겠는가? 그런 남편이 자신의 잘못은 생각하지 않고 노인정에도 못 나가게 옭아매기에, 순간적으로 욱하는 마음에 죽였다고 한다. 한평생 잘도 참았다가 마지막에 '욱'하는 마음이 솟구쳐 그만 일을 저지른 것이다. 그 사건을 맡은 판사는 할머니를 가정폭력의 희생자로 배려해 선처했다고 한다(2013. 6월 수원지법). 이 사례는 아내가 남편을 살해한 경우지만 남편이 아내를 살해한 경우는 열 배나 더 많다고 한다.

이처럼 서로에 대해 훤히 꿰뚫고 있고 오랜 시간 인내하고 성숙해진 사이임에도 화를 참지 못해 벌어지는 이 참상을 무엇으로 설명할 수 있겠는가? 이 모든 불상사는 화가 근원이다. 화는 참지 못하면 자신과 타인에게 심각한 후유증을 남기기도 하므로 조심스럽게 다스려야 한다.

다름에 대한 인정이
이해의 첫걸음이다

화를 내지 않으면서도 의사소통을 잘하는 성숙한 관계가 되기 위해 선행되어야
할 것은 '다름'을 인정하는 것이다.

필자도 결혼 전에는 화를 자주 냈다. 그런데 느슨한 남편과 함께 살면서 많은 훈련을 받았다. 유난히 너그러운(?) 남편은 감정을 잘 다스려 화를 내는 일이 거의 없었다. 그런데 딱 한 번 막내아들에게 이해되지 않는 행동을 한 적이 있다.

막내아들의 대학 1학년 여름 방학 때였다.

그날 아침 남편과 산책에서 돌아와 현관 초인종을 눌렀는데 아무 응답이 없었다. 분명 어젯밤 늦게 귀가한 아들이 자고 있는 게 확실했다. 아들은 우리 내외가 아무리 현관문을 두드리고 초인종을 눌러도 일어나지 않았다. 열쇠를 챙겨나가지 못했던 터라 현관문 밖에서 꽤 오랫동안 아들 이름을 언성 높여 불렀다. 나중엔 발로 현관문을 걷어차기까지 했지만 아들은 너무 깊은 잠에 빠져 있는 듯했다. 이웃에 창피한 것은 이미 포기했다. 다른 때 같았으면 다시 뒤돌아 산책을 가든지 했을 텐데 그날은 사정이 달랐다. 남편은 시간 맞춰 학회에 가야했다. 하는 수 없이 열쇠 수리공을 불렀다. 문을 따고 들어가자마자 남편은 물 한 바가지를 떠서 자고 있는 아들 얼굴에 쏟아 부었다. 평소 남편이라면 상상도 할 수 없는 행동이었다.

그렇게 화내는 모습은 처음 보았다. 화를 내는 남편 모습도 당황스러웠지만, 더 당혹스러웠던 건 아들의 반응이었다. 물세례를 당하고도 어찌나 태연하던지. 슬그머니 일어나 젖지 않은 자리로 옮겨 또 잠을 자는 것이다. 부전자전, 그야말로 그 아버지에 그 아들이었다.

지금도 다행이라 생각하는 것은 평소 화를 내지 않는 아버지를 닮아서인지, 아들이 아버지의 화를 화로 받아치지 않았다는 것이다. 그리곤 다시 평온한 일상으로 돌아왔다. 지금도 그때의 일을 마음에 담아두지 않고 아빠를 좋아하는 막내아들이 신기하고 고맙기만 하다.

남편 성격은 느긋하다. 옆에서 아무리 서둘러도 자신이 바쁘지 않으면 꿈쩍도 않는다. 반면 자신이 바쁠 땐 옆 사람을 정신없게 만든다. 시간을 맞춰 외출해야 할 땐 옆에서 필요한 물건들을 착착 대령해야 한다. 사실 대령하지 않아도 뭐라고 하진 않지만 그 분위기에서 괜히 내가 더 조급해하는 것이다.

남편은 유난히 양말에 구멍이 잘 난다. 구멍 난 양말을 신고도 아무렇지도 않은 듯이 외출을 한다. 역시 성화는 언제나 내 몫이었다. "빨리 벗어요! 갈아 신으라고요!" 하면, "괜찮아. 바람 솔솔 통하고 좋지. 아내가 얼마나 게으르면 남편에게 빵꾸난 양말을 신기느냐 하겠지, 뭐!" 하는 것이다. 남편에게는 여유로운 농담에 지나지 않지만, 당시 나로서는 남들이 정말 그런 아내로 생각할까 신경이 많이 쓰였던 것이 사실이다. 결혼 초에는 어떡하든지 구멍 난 양말을 벗게 하고 새 양말을 신고 나가게 했지만, 함께 살다 보니 덩달아 느긋해진 것일까. 나도 좀 둥글어지고 무뎌졌다. 지금은, 혹시 빵꾸난 양말을 보면 아예 버려버린다. 또 양말 정도는 스스로 알아서 챙기는 것이니 거기까지 신경 쓰지 말자고 마음을 편히 먹었다.

세 아들(남편과 두 아들)을 키우는 동안 가족들의 많은 부분을 끌어안으며 성격 차에서 오는 부담을 많이 느꼈다. 되돌아보면 가족들은 어떤 부분에서는 굳이 내 도움이 필요치 않았다. 또 얼마든지 스스로 해낼 수 있는 일도 많았다. 내가 느꼈던 부담은 스스로 만들어냈던 것이 아니었나 생각한다. 가족 간에는 공감의 대화와 기술도 필요하지만, 스스로 부담을 만들어서 자기 입장에서 일방적으로 바라거나 지나치게 기대를 하지 않는 것도 화를 다스리는 비결 중의 하나라고 생각한다.

결혼 생활 40년 정도 되니 노하우와 여유가 생겼다. 이젠 가족들이 내 뜻대로 움직여주지 않아도 '그럴 수도 있겠지.', '무슨 사정이 있었겠지.' 하며 소소한 일에 관여하지 않으려고 노력한다. 이런 과정을 거치면서 모든 인간관계에서 중요한 것은 경계(boundary) 설정이라는 생각이 확고해졌다. 가족 간에 일어나는 문제들의 대부분이 경계 문제로 일어난다. 가까운 가족이나 친척 간에 넘지 말아야 할 경계를 넘나들면서 간섭하고 참견하는 일 때문에 트러블이 얼마나 많이 일어나는가? 부부 사이, 부모 자녀 사이, 형제 사이, 특히 결혼한 형제 사이에 경계 설정이 잘못되면 문제가 복잡해지기 쉽다. 경계가 경직되어도 문제이지만 경계가 너무 없어서 아무나 쉽게 드나드는 것은 더 문제다.

지금은 모든 관계나 상황에서 내가 통제할 수 있는 일인지, 통제할 수 없는 일인지를 분별하려고 노력한다. 그리고 통제할 수 있는 일이면 관여해서 의견을 말하지만 통제할 수 없는 일이면 수용하려고 노력한다. 이것은 선택이론의 기도문에 나오는 내용이기도 하다. 그 이론의 매력에 빠져 교사들에게 소개도 많이 했고 나도 그대로 적용하려고 애쓰고 있다. 감정, 특히 통제와 관련된 화를 조절하는 데 매우 탁월한 지침을 제공해주는 이론이다.

사람들이 흔히 하는 실수 중의 하나는 남의 일에 쓸데없이 많은 에너지를 쓰는 일이다. 돕지도 않으면서 지나치게 참견하고 자기기준으로 판단하여 오해하거나 비난하는 잘못을 저지른다. 그런 사람들은 자기가 오해하고 판단한 것을 마치 무조건 옳다는 듯이 고집부리는데 이 과정에서 화를 많이 낸다.

두 아들은 남편의 성격을 많이 닮았다. 특히 둘째가 그렇다. 두 아들도 자라는 동안 집안에서 화를 낸 일이 거의 없다. 물론 아이들의 청소년기엔 나도 속상한 일들이 많았었지만, 돌이켜 보면 무엇 때문에 그랬었는지 그 구체적인 이유가 잘 떠오르지 않는다. 아마도 사춘기였기 때문일 것이다. 자녀들뿐만 아니라 나 또한 엄마로서 그 시기에 겪어야 할 자연스런 성장통을 겪었음을 뒤늦게 이해했다.

지금은 두 아이 모두 결혼해서 가정을 꾸렸지만, 아이들 성장기엔 느슨한 부자 사이에서 나 혼자 동동거리는 일이 많았다. 아이를 키우며 나와는 다른 성격과 끊임없이 부딪혔다. 그러면서 이해하고 맞춰나가다 보니 나도 덩달아 너그러워지게 된 것이다. 물론 자식이 아닌 남을 대할 때, 서로 다름을 이해하고 맞춰나가는 것은 부모와 자식 관계에서의 그것과는 다르다. 남과는 관계가 틀어진다 해도 영영 보지 않으면 그만이다.

그러나 자녀 양육은 그럴 수 없다. 그래서 부모는 자녀를 키움과 동시에 다른 이를 배려하는 훈련을 하게 된다. 이런 기회를 주는 자녀가 없다면 결혼생활이 얼마나 삭막할까? 이런 이유들로 자녀는 축복이고 부모로 하여금 부모 되게 하는 소중한 커리큘럼이란 생각이 확고해졌다.

하지만 훈련에 의해 길러진 너그러움과 천성은 한계가 있는 것인지, 이 나이에도 간혹 다급한 일에 서두르지 않는 여유만만의 남편과 아이들을 보면 여전히 심박이 빨라진다. 사람들과의 관계에서 당황스러운 일이 생길 때도 마찬가지다. 화의 시동이 걸리려고 하는 것이 감지되면 '다스리자'고 마인드컨트롤을 한다.

느긋한 사람과 조급한 사람의 조합은 늘 조급한 쪽을 불안하게 한다. 그래서였는지 나는 아들이 청소년기였을 때 PET(Parent Effectiveness Training)에 처음으로 관심을 가지고 교육을 받았다. 나 자신을 바꾸지 않으면 계속 자녀와의 사이가 갈등의 연속일 것 같았기 때문이다. 자녀 양육을 통해 부모로서 또 관계에 놓인 한 사람으로서 감정조절 훈련과 대화법을 훈련 받았던 셈이다.

한편으로는 나의 조급함과 꼼꼼함을 인내(?)하며 알게 모르게 힘들었을 식구들이 새삼 고맙다.

＊＊＊

지금까지 부모들의 화, 자녀들의 화, 교사들의 화, 이웃 간의 화, 부부간의 화, 가족 간의 화에 대한 이야기를 풀어보았다.

화라는 감정은 누구에게나 있다. 가족 간에도, 부부간에도, 사제 간에도, 이웃 간에도 있다. 모든 인간관계 속에 화가 작용하고 있다. 다만 그것을 어떻게 다스릴 것인가, 비합리적인 신념을 어떻게 합리적인 신념으로 바꿀 것인가, 서로 다름을 어떻게 이해하고 수용할 것인가가 중요하다. 화를 내지 않으면서도 의사소통을 잘하는 성숙한 관계가 되기 위해 선행되어야 할 것은 '다름'을 인정하는 것이다. 그리고 그 인정하는 것에 있어서 나이가 어리다고 차별을 해서는 안 될 것이다.

2 상처받은 아이들

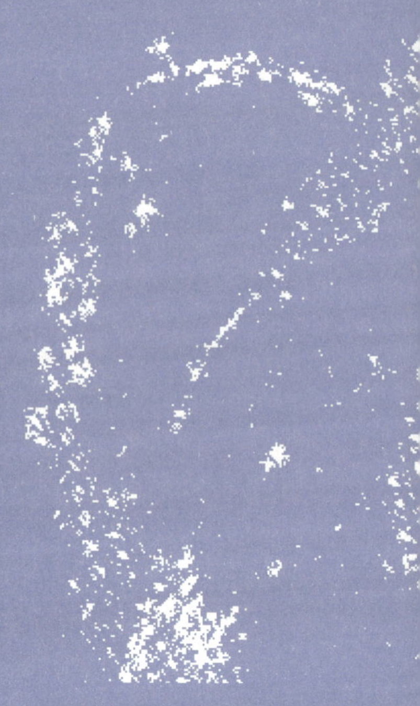

- 따뜻한 관심으로 아무는 상처
- 이해와 기다림이라는 사랑 앞에 뚫지 못할 벽은 없다
- 열린 마음으로 닫힌 마음을 열 수 있다
- 가슴으로 품는 상처
- 오해받지 않고 이해받을 권리
- 잘못된 배려는 아이의 상처를 더 깊게 만든다

따뜻한 관심으로 아무는 상처

눈을 마주보고 듣고 이해하면서 마음을 넓힐 때
아이들은 건강하게 자랄 수 있다.

1990년대 후반에 왠지 상담에 마음이 끌렸다. 상담에 대해서 잘 모르면서 말이다. 요즘 말로 필(feel)이 꽂힌 것이다. 관련 공부를 더 해보고 싶어 대학원에 갔지만 교육심리학에서 다루는 상담 교육은 아주 미미했다. 그래서 다시 1999년 처음 개설된 전문상담교사 양성과정을 1년 동안 수료했다.

과정을 마치고 자격증을 받았지만 그때만 해도 학교에 상담실이 있는 곳이 없었다. 지금은 초등학교에도 상담실과 상담 인력이 배치되어있어 상담 활동이 활발히 이루어지지만 당시에는 불모지였다.

실질적으로 상담 활동도 할 수 없는 자격증을 왜 줄까 했더니 승진하는 데 활용이 되기도 하는 것을 나중에 알았다. 하지만 나는 그 자격증에 걸맞게 학교 상담실을 제대로 운영해보고 싶었다.

당시 상담 활동은 단지 업무분장의 하나로 분류되어 있었다. 부담되는 업무이기도 해서 특별한 뜻을 가지지 않는 한 자원하는 교사가 많지 않았다. 업무를 담당해도 그저 관련 공문이 오면 상부기관에서 요구하는 내용을 보고하는 정도였다.

그때만 해도 사람들은 '초등학생이 뭐 그리 상담할 것이 많겠나?'라고 생각했다. 하지만 그건 모르는 소리였다. IMF를 겪은 직후라서 사회적 문제도 많아졌지만 가족 문제도 매우 복잡해지기 시작했다. 그 스트레스는 고스란히 아이들이 받고 있었다. 갑작스런 구제 금융으로 인한 사회적 위기와 개인적 실직 등으로 인한 부모의 스트레스는 서서히 자녀들에게도 영향을 미쳤다. 아동복지 분야에서 예방과 치료의 비용편익 효과를 연구하던 학자들은 예방을 잘하면 예산을 1/8로 줄일 수 있다는 연구결과를 발표했는데 이 말은 초등학교에도 상담실을 설치해야 할 당위성을 뒷받침 해주고 있었다.

상담 공간을 확보하기 전에 먼저 아이들의 생각이나 의견을 알아볼 필요가 있었다. 아이들이 가지고 있는 상담에 관한 이미지는 무엇인지, 상담실을 이용하고 싶은지를 설문을 통해 알아보았다.

그중 교사들이 새겨두어야 할 의미 있는 내용들을 소개한다.

세 번째 질문의 답변을 보고 정신이 번쩍 들었다. 나도 담임을 할 때 그랬으니까. 우리 반에 문제 행동을 한 아이가 있으면 일벌백계라고 합리화시키며 전체 아이들 앞에서(물론 거명하진 않더라도) 엄한 분위기를 잡고 훈계하곤 했다.

그런데 아이들의 응답을 보고 나니 '내가 그 아이의 입장과 감정을 무시하고 생활지도란 핑계로 공개적으로 떠벌였구나. 그 아이는 얼마나 속상하고 선생님이 원망스러웠을까? 난 참 미련스런 교사였구나.'라고 깨달았다.

자책하면서 동시에 굳은 결심을 했다. 앞으로는 절대로 어떤 특정 아이의 행동을 전체 앞에서 들먹거리지 않겠다고. 아이들의 진심을 이해하고, 진심으로 마음을 어루만지는 교사로 거듭나야 겠다고.

　그렇게 준비하여 2002년 학교 상담실을 열었다.

　상담에 관심이 많은 교장 선생님이 지원을 아끼지 않은 덕에 아늑한 공간의 상담실을 열 수 있었다. 교장 선생님은 교실 1/3 크기의 공간을 마련해 주고, 필요한 집기는 물론 수업시간도 줄여주며, 상담 활동을 힘껏 지원해주신 고마운 분이셨다.

　나는 초등학교에도 상담실이 꼭 필요하다는 이미지를 형성하기 위해 여러 활동을 부지런히 계획하고 실행했다. 개별상담, 집단상담, 부모교육이 큰 줄기였다.

　개별상담은 자발적으로 신청하는 아이들을 대상으로 했다. 상담실 문밖에 신청서 상자를 달아놓고 자유롭게 신청서를 제출하도록 했다. 아이들이 상담하길 원하는 시간을 맞추려고 노력했다. 주로 상담하고 싶어 하는 주제는 친구 관계에 관한 것이 가장 많았고, 그 다음은 가정문제였다. 필자가 근무하던 곳에는 의외로 복잡한 환경에 사는 아이들이 많았다. 그때가 2000년대 초반이었는데 한부모 가정, 조손 가정 등 요보호 가정이 늘어나는 시점이었다. 가정문제 다음으로는 진로, 그리고 학습문제가 많았다. 초등학생들의 진로에 대한 고민은 주로 자기가 바라는 꿈과 부모가 원하는 꿈이 다른 경우였다. 자기의 꿈을 포기하기 싫은데 부모님의 뜻을 거역하긴 힘들기 때문이었다. 상담실에 오는 아이들은 주로 이런 갈등문제들을 가지고 있었다.

아이들이 상담 신청을 했다고 해서 자기 문제에 대해 조리 있고 구체적으로 말할 수 있는 것은 아니다. 이야기를 끌어내려면 무언가 매개체가 있어야 한다. 하다못해 공기놀이나 고리 던지기 등도 아이들과 라포르(rapport)를 형성하는 데 많은 도움이 된다.

상담 활동 초창기에 만났던 5학년 남학생 희욱이가 생각난다. 희욱이는 2학기 학급회장이었다. 그런데 학급회장으로서 하는 일은 아이들과 장난치기가 전부였다. 희욱이는 학급 분위기를 소란스럽게 하는 데 일등공신이었다. 교과교사들이 식사 자리에 모이면 희욱이네 반 이야기가 중심이었다. 거기에 꼭 한마디 빼놓지 않는 말이 있었다.

- 그 반엔 회장만 조용하면 문제없는데, 회장이 문제라니까! 회장이란 애가 물을 다 흐려놔요.

수업하고 나오는 교사마다 이구동성으로 하소연했다. 하도 소란해서 수업을 잘 못하겠다는 것이다. 교실 분위기가 안 좋을 때, 교과교사들이 대체로 하는 말이 있다.

"이 반 회장 누구야?"

그런데 그 아이는 아무리 꾸중을 들어도 변하지 않았다. 교사의 말에 끄떡도 않는 희욱이의 반응이 교사를 더 화나게 하는 것은 당연했다.

나는 희욱이를 한번 만나고 싶었다. '아이에 대한 긍정적 기대는 아이를 변하게 한다.'는 신념이 발동한 것이다. 하지만 담임이 보내기 전에 내가 나서서 만나는 것은 위기상황이 아닌 이상 바람직하지 않다고 판단해 교과교사들의 하소연만 듣고 있었다.

그러던 어느 날 드디어 담임교사가 희욱이를 상담실로 보냈다. 젊고 화끈하고 인내심 많은, 꽤 아이들을 예뻐하는 교사였는데 아마 인내심이 한계에 다다랐던 것 같다. 내심 반가웠지만 괜히 처음 보는 상담교사가 반가워하면 오해할 수도 있는 일이라 처음에는 희욱이에게 기본적인 친절만 베풀었다.

교실에서 그렇게 활발한 희욱이도 처음 상담실에서 만날 때는 상당히 긴장한 눈치였다. 상담실을 두리번거리다가 도대체 자기가 여기 왜 왔는지 모르겠다는 듯 뚱한 표정을 지었다.

- 네가 희욱이니?
- 네, 그런데요.
- 그래? 여기 앉자.

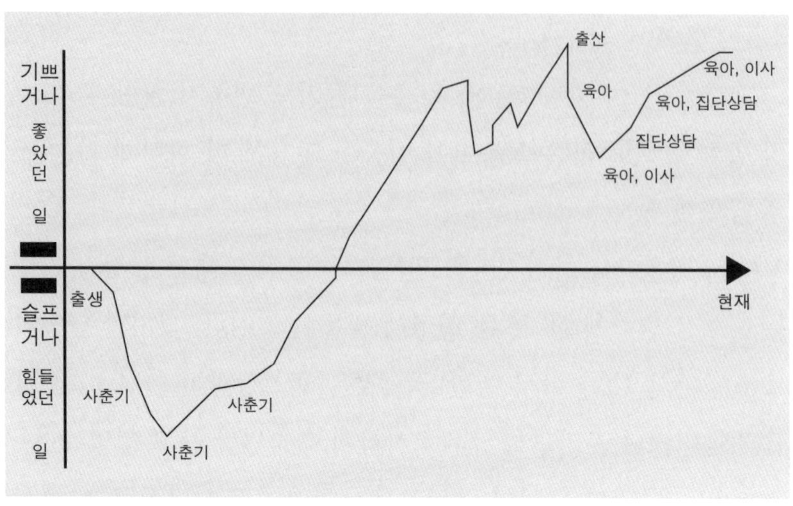

〈인생그래프 예시〉

　그리고선 경계하고 있는 희욱이의 마음을 안심시키기 위해 장난감을 꺼냈다. 그렇게 며칠이 지나자 희욱이는 상담실을 재미있는 공간으로 느끼기 시작했다. 자연스럽게 상담에 필요한 활동을 함께 했고, 많은 대화를 나누었다. 그러던 중 희욱이가 교실에서 보였던 행동을 이해할 수 있는 정보를 찾았다. 콜럼버스가 아메리카 대륙을 발견했을 때 딱 이런 기분이었을까? 이제 아이에게 심리적, 정서적으로 보다 가깝게 다가갈 수 있다는 것이 참으로 기뻤다.

　희욱이가 그린 '인생 그래프' 속에 희욱이에 대한 많은 정보가 들어있었다. 학교에 들어오기 전 아이가 겪어내기엔 너무나 가혹

했을 사건들이 가슴을 미어지게 했다.

네 살 동생의 죽음과 엄마의 가출.

희욱이는 엄마의 가출보다 동생의 죽음에 더 큰 충격을 받고 있었다. 동생의 죽음을 눈앞에서 지켜봐야 했던 형으로서의 무능함을 자책했던 것인지! 건축 공사 현장에서 함께 뛰어놀다 문짝이 넘어지는 바람에 그런 안타까운 일이 벌어진 것이었다.

희욱이에게 이보다 더한 충격과 아픔은 없었을 것이다.

지금도 어렴풋이 그 아이의 얼굴이 떠오른다. 희고 작은 얼굴에 그늘 없어 보였던 아이였다. 그래서인지 다들 희욱이를 가정도 원만하고 아무 어려움 없이 성장했을 거라고 여겼다. 자기절제가 되지 않아 주어진 역할을 못하고 친구들과 어울려 장난만 치니, 규칙 없이 오냐오냐 자란 아이라고만 넘겨짚었던 것이다. 학교에서 매일 꾸중 듣는 것이 희욱이의 일상이었지만 누구도 희욱이의 밝은 얼굴에서 아픔을 읽어낼 순 없었다.

다행스럽게도 희욱이는 천성적으로 명랑하고 활발한 기질을 가진 듯했다. 그 아이의 충격과 아픔을 알고 나니, 그 아이가 보이는 문제 행동(역할 무시, 장난 주도)은 트라우마로 이해할 수 있었다. 그런 아픔을 가진 아이에게 정상적인 행동을 기대하는 것 자체가 무리였던 것이다. 만약 희욱이가 아무런 문제가 없는 듯 평범한 생활을 했다면 오히려 그 자체가 모순인 셈이었다. 그런 트라우마를 가졌으니 아이가 정신적인 몸살을 앓는 것은 당연한 것이 아니겠는가?

　몸에 난 상처는 아물어가는 과정이 눈에 보인다. 그리고 다 나으면 그 상처를 잊을 수 있다. 하지만 트라우마는 다르다. 어떤 심리학자는 말했다. 가장 충격적인 트라우마는 가까운 가족의 죽음이라고. 또한 진정한 치유는 이해로부터 시작된다고. 희욱이의 보이지 않는 마음에 난 상처를 볼 수 있게 되었으니, 그리고 이해하게 되었으니 치유가 시작될 수 있었다.

　이런 아픔이 있는 것도 모르고 아이에게 회장으로서의 역할만 강조했으니 아이가 얼마나 버거웠을까? 학교에 매일 오는 것, 친구들과 적극적으로 어울려 노는 것만으로도 기특한 일이었다. 가정에서 적극적인 지원이나 응원은 없었지만, 친구들 사이에서 인기가 많아 학급 회장까지 되었으니 대단하지 않은가. 친구들의 지지로 뽑힌 것이니 친구들이 좋아하는 일을 하면 된다고 희욱이는 생각했을지도 모른다.

　'회장다움'이란 도대체 무엇인가? 무엇으로 아이에게 '다움'을 강요할 수 있단 말인가. 그것은 어찌 보면 어른들이 정해놓은 관습에 지나지 않은 것은 아닌가. 아이의 트라우마도 트라우마지만, '다움'이라는 잣대로 희욱이를 문제아로 전락시킨 교사들도 문제가 있는 것은 아닐까? '다움'을 먼저 강요하고 그것을 근거로 아이를 가르치는 것이 아니라, 아이마다 특성과 마음을 이해하는 과정이 먼저 필요했던 것은 아닐까. 어른들이 정한 것을 아이들이 맹목적으로 따라야 한다고 강요하면 그건 폭력이다. 공동 생활에 필요한 규칙이 있다면, 일방적으로 명령하고 지시하고 강요하기보다 먼저 아이의 행동을 잘 관찰한 후에 왜 규칙을 따라야 하는지 설명해주어야 마땅하다. 이것은 교사를 향한 질책이 아니다. 아이를 이해할 수 있는 일종의 포인트다.

'이제 회장이 되었으니 선생님들이 기대하는 대로 잘해야지. 행동에 모범을 보여야지. 네가 잘해야 우리 학급의 명예가 산다. 그것을 위해 네가 하고 싶은 것은 좀 참아야지.'

지금도 어떤 교사들은 아이에게 교사의 기준을 당연하게 강요하고 있을지 모른다. 하지만 그 강요를 받는 아이는 부담을 느낄 것이다. 희욱이도 여느 아이들처럼 회장이 된 것 자체가 좋았지, 그 역할에 어떤 책임과 의무가 따르는지는 미처 생각하지 못했을 것이다. 교사들이 자기를 문제성 있는 아이로 바라보는 것 그 자체도 몰랐을 것이다.

더욱이 희욱이는 자신의 상처를 상처인지도 모른 채 깊숙이 끌어안고 있었을 것이다. 다른 아이들과 다른 자신의 행동이 어디서 근원하는지 스스로 알지 못했을 것이다. 누군가의 훈계와 질책이 있을 때, 무엇이 문제라는 건지 이해할 수 없었을 것이다. 또한 홀로 된 아빠, 생활전선에서 피곤한 아빠에게 자신의 상처를 보듬어줄 것을 요구했을 리 만무하다. '오냐오냐'에서 출발한 무질서가 아니라 무관심에서 출발한 무질서였던 것이다.

둘째 아이를 잃은 엄마는 웬일인지 희욱이를 더욱 학대했고(그것으로 학대를 정당화할 수 없지만) 그래서인지는 모르나 희욱이는 엄마의 가출보다 동생의 죽음을 더 슬퍼했다. 유아기 아이의 경우 설령 엄마의 학대가 있었다 해도 엄마를 그리워하는 특징을 보이지만 희욱이는 예외였다. 조근조근 말로는 설명할 수 없지만, 희욱이는 엄마의 가출도 자기와 관련이 있을지 모른다고 생각했던 것은 아닐까? 동생의 죽음을 막지 못한 자책감과 그 때문에 엄마의 학대와 가출이 일어났다고 어렴풋이 알았을지 모른다. 그러면서 그 조그마한 가슴으로 모든 것을 감당해내고 있었던 것은 아닐까.

희욱이는 두 아이만 공사 현장에서 놀도록 방치했던 부모를 원망하지는 않았을 것이다. 그것이 방치였는지조차도 몰랐을 것이다. 희욱이는 그 환경을 당연하게 생각했을지 모른다. 부모의 잘못이라 생각하지도 않고, 그 모든 일이 자신 때문에 벌어졌다고……. 표현하진 못하지만 가슴 깊이 자책하고 괴로워했을 희욱이가 안타깝고 또 안쓰러웠다.

나는 먼저 담임교사와 그 학급에 들어가는 교과교사에게 상담

결과를 이야기했다. 그리고 세 가지를 당부했다.

첫째, 희욱이에겐 당분간 역할 기대와 관련하여 부담을 주는 어떤 말도 하지 않기.

둘째, 희욱이가 어떤 행동을 해도 그 행동에 대한 부정적 피드백을 자제하기.

셋째, 희욱이를 이해하고 사랑하고 있음을 눈빛과 어조로 꾸준히 일관되게 표현하기.

다행히 담임이 이 모든 것을 이해했고, 그 학기가 끝날 때까지 희욱이를 친절하게 돌봐주었다. 몇 년이 지났지만 지금도 선배로서 그 후배교사를 매우 고맙게 생각한다.

이해야말로 치유의 진정한 시작임을 확인할 수 있었던 귀한 경험이었다.

관심과 애정으로 바라보면 모든 행동이 이해된다. 그런데 요즘은 점점 들어줄 시간적 여유가 없어서, 또는 부담스러워서 듣지 않으려 한다. 당연히 상대방을 오해하거나 이해하지 못하여 벽이 생긴다. 그러면서 아이와의 관계가 단절된다. 눈을 마주보고 듣고 이해하면서 마음을 넓힐 때 아이들은 건강하게 자랄 수 있다. 경청은 아무리 강조해도 지나치지 않다. '사람마다 말하기는 더디 하고 듣기는 속히 하라'는 성경구절이 떠오른다.

이해와 기다림이라는
사랑 앞에 뚫지 못할 벽은 없다

무기로는 벽을 뚫을 수 없다. 그러나 이해와 기다림이라는
사랑 앞에 뚫지 못할 벽은 없다.

자존감이란 말을 처음 사용한 학자로 알려진 윌리엄 제임스
(William James)는 이렇게 말했다.

'우리 세대의 가장 위대한 발견은 태도를 바꿈으로써 자기 인
생을 바꿀 수 있다는 것이다.'

태도가 인생을 결정한다는 말이다.

태도가 좋은 아이들을 보면 매우 사랑스럽다. 그런 아이들을
만나면, '부모가 참 잘 키웠구나.' 하는 생각이 저절로 든다. 공부
를 못해도 태도가 좋으면 기분 좋게 넘어간다. 그러나 공부를 아
무리 잘해도 태도가 안 좋으면 곱게 보지 않는다. 그만큼 태도는

상대방의 기분을 좌우하기도 하고 대인관계에서 어떤 대우를 받느냐를 결정짓기도 한다.

그렇다면 태도는 무엇일까?

태도의 사전적 정의는 '어떤 일이나 상황에 직면했을 때 보이는 입장이나 자세'이다. 대체로 수긍이 가는 말이다. 학생들을 대하다 보면 상황은 같은데 반응이 제각각인 경우를 흔히 접한다. 제각각이란 말은 반응하는 태도가 모두 다르다는 말이다. 그 이유는 사람마다 성격이 다를뿐더러 처한 가정환경과 성장배경이 다르기 때문이다. 가정의 양육 분위기, 양육 철학, 양육 태도가 어떠하냐에 따라 아이도 다르게 성장한다.

교육학자 김재은 교수는 눈으로 배우는 것이 귀로 배우는 것보다 500배 더 효과가 있다고 했다. 그만큼 부모가 하는 말과 행동, 상황에 대처하는 반응과 생각 등이 자녀에게 강력하게 영향을 미친다는 말이다. 부모는 자녀들에게 화를 내면서, 아이에게는 화를 내지 말라고 가르친다. 그러나 이미 아이들은 부모가 어떤 상황에 어떻게 반응하는지를 눈으로 지켜봤다. 불법 주차단속 카메라만 무서운 것이 아니다. 자녀들의 눈이 바로 살아있는 카메라다. 눈으로 보는 모든 것들을 그대로 뇌 사진첩에 기록한다.

자녀를 부모의 분신이나 소유대상으로 인식하고 부모의 감정을 그대로 표출하는 경우가 많다. 부모가 화를 낼 때 아이가 조용히 있으면 부모는 착각을 한다. 괜찮다고. 부모의 말을 잘 받아들이고 있는 것이라고. 그러나 아이가 부모의 화를 묵묵히 받고 있는 것은 그런 상황에서 어떻게 대처해야 하는지 모르기 때문이다. 부모의 화 속에서 아이는 편치 않음을 넘어서 불안하다. 아이가 조용히 있는 것은 속으로 분노를 삭이고 있는 것이다. 훗날 아이가 쌓인 화를 분출하기 시작할 때 어떻게 감당하려 하는가?

부모로부터 받은 폭력에 대처하지 못하고 그대로 당하는 자녀는 결국 병이 든다. 그 병이 내면에 쌓였다가 때가 되면 밖으로 표출될 출구를 찾는다. 그 표출방식이 건강하고 정상적인 방식일까? 『부모라면 유대인처럼 하부르타로 교육하라』의 저자 전성수 교수는 '복수당하는 부모'라는 말까지 썼다. 요즘, 아이들의 부적응적인 행동문제가 점점 더 저연령화되고 심각해지는 근저에 부모의 잘못된 양육 태도가 직결되어 있다. 태도는 말로 가르치는 것이 아니다. 백날 잔소리해봐야 결국 아이들은 부모에게서 배운 태도를 그대로 답습한다.

태도에는 물론 행동도 포함된다. 뿐만 아니라 개인의 가치관도 담겨있다. 몇 년 전 키스 헤럴이 지은 『태도의 경쟁력』이란 책을 읽었다. 원제목은 'Attitude is Everything'으로 기억한다. 이 책은 제목 그대로 인생을 살아가는 데 있어 가장 중요한 가치로 삼아야 할 것이 태도임을 강조하고 있다. 필자는 이 주장에 절대적으로 공감한다.

요즘 아이들은 행동 양상이나 태도반응이 매우 다양하다. 교사가 과거의 아이들을 생각하거나 안일하게 '그저 아이들일 뿐인데……' 하는 생각을 하면 매우 힘들어진다. 아이들의 변화를 수용하고 대처하는 적응력을 상당히 업그레이드할 필요가 있다. 그렇게 하지 않으면 교사 자신이 힘들다.

학년 초 교사가 자칫 실수하기 쉬운 일이 있다. 아이들을 만나는 첫날, 빼놓지 않고 하는 일이 출석을 부르는 일이다. 아이들의 반응을 살피고 어떤 학생들이 있는지를 파악하는 확인과정이다. 그와 동시에 아이들의 첫인상이 결정되는 날이기도 하다.

그런데 출석 부를 때 간혹 반응이 전혀 없는 아이가 있다. 교사는 이런 경우 아이들을 좀 더 세심하게 둘러보면서 한 번 더 부른다. 그때가 되면 어김없이 아이들이 '선생님, 쟤 원래 말 안 해요'라고 말한다. 그렇게 말한 아이는 자기가 꽤 용기 있으며 친절하다고 착각한다. 하지만 교사는 이 순간을 그냥 넘기면 안 된다. 그 말을 듣고 '으응, 그래?' 하고 넘어간다면 큰 실수를 하는 셈이다. 왜 그것이 실수인지 다음 사례를 통해 살펴보자.

6학년 지영이는 3학년 때부터 말 안 하는 아이로 낙인찍혔다. 지영이가 4학년일 때 담임이 가끔 상담실에 보내주어 몇 차례 지영이와 만난 적이 있다. 그러나 워낙 아무 말도 안 하니 잠깐씩 쉬거나 놀거나 하는 분위기에서만 관찰할 수 있었다.

　그런 지영이를 6학년 교과교사가 되어 수업 상황에서 만나게 되었다. 만날 때마다 심히 안타까웠다. 정해진 시간에 마무리해야 하는 교과진도를 지영이는 못 따라왔다. 그래서 다른 아이들과 똑같은 활동을 거의 못했다. 기초 학력도 많이 떨어져 학습 부진아 교실에 다니고 있었다. 학급 분위기에 어울리지 못하는 지영이는 따로 특별한 보호를 받아야 했다. 다 함께 하는 활동에 동참을 하지 않아도 허용해 주었고 대신 자리에 앉아서 자기가 하고 싶은 활동을 하게 했다. 그러면 대개 공책에 낙서를 하거나 아이들이 하는 활동을 물끄러미 바라보는 등 눈치를 살피며 무표정하게 시간을 보냈다.

　수학여행에 참석하지 않게 된 지영이가 3일 동안 학교에 나와 따로 수업을 받게 되었다. 이때 함께 상담실에 있게 된 것을 계기로 지영이와 친해질 수 있었다. 처음 상담실에 온 지영이는 간단한 질문에도 묵묵부답이었다. 고개로만 의사를 표시할 뿐이었다.
　종이를 주며 하고 싶은 말을 글로 적어보라고 했더니, 선반에 놓인 유리병 속의 별을 가리키며 별을 접고 싶다고 했다. 소녀 감성에 딱 어울리는 종이별이었다. 나는 별 접는 방법을 몰라서 난감했다. 하지만 풀어보면 할 수 있을 것 같아 시도해보았다. 꼼꼼하지 않은 솜씨 탓에 어설프기도 하거니와 내겐 쉽지 않은 일이었다. 인터넷으로 검색해 함께 별 접는 법 동영상도 찾아보았다.

지영이도 나도 잘 따라하지 못했다. 내가 실수를 하면서 끙끙대는 모습이 지영이에겐 재미있었나 보다. 무표정하던 얼굴에 살짝 미소가 보였다.

나는 이 기회에 지영이와 친해져야겠다고 생각하고 특별한 계획을 세웠다. 매일 상담실에 놀러오도록 한 것이었다. 다음 날은 컴퓨터 게임을 하고 싶어 하기에 20분 동안만 허락했다. 또 지영이는 드라마 〈꽃보다 남자〉의 F4에 관심이 많다고 적었고, 내게도 F4를 좋아하는지를 글로 물었다. 의외였다. 그렇게 지영이와의 소통이 시작되었고, 지영이의 새로운 면을 하나하나씩 발견하게 되었다.

대화를 나누기 위해서 나와 지영이의 비밀공책을 만들었다. 지영이는 공책의 줄을 무시하고 글을 적어나갔다. 칸을 맞추어 쓰라는 제재는 오히려 아이에게 제약이 될 터였다. 편안한 분위기 속에서 지영이는 자유롭게 자기 생각을 글로 표현했다.

어느 날 짓궂은 남학생들을 피해 지영이가 화장실에 숨었던 일이 있었다. 그날 복도에서 우연히 지영이 어머니를 만나게 됐다. 아무리 나오라고 설득해도 해결되지 않아 담임이 어머니에게 연락을 취했던 모양이었다.

지영이를 교실로 들여보내고 난 뒤, 지영이 어머니를 상담실로 모시고 왔다. 어머니는 지영이가 학교에서 말을 하지 않아 걱정이라는 나의 말에 별로 놀라지도 않았다. 지영이 어머니의 그런 반응이 참으로 의아했다. 집에서는 굉장히 활발하고 말도 잘하는 딸이라고 했다. 언어 장애가 있어 말을 못하는 것이 아니라서 별로 걱정이 안 된다고 했다. 오히려 담임교사나 다른 교사들만 걱정을 하는 셈이었다. 집에 와선 말을 다 하니까 걱정할 것은 없고 다만 학습활동에 적극적으로 참여를 안 해서 공부를 못하는 것이 걱정이라고 했다. 어머니는 말을 안 하는 것이 결국 학습부진과 직결되는 것을 미처 모르고 있는 듯했다.

> – 아마 좀 더 크면 나아지겠지요. 자기가 아쉬우면 말을 할 것이고. 언젠가는 나아지지 않을까요? 자신감이 좀 생기게 되면요.

부모 속이야 어떻게 일일이 다 말로 표현될 수 있을까마는, 너무 담담한 어머니 앞에서 오히려 교사만 더 안타깝고 답답해지고 있었다. 어머니의 반응을 보니 지영이의 증상이 '선택적 함구증(selective mutism)'이며 전문상담과 치료를 받아야 한다, 부모님의 협조가 필요하다, 이런 부탁을 꺼내기 어려웠다.

지영이가 말을 안 하는 것은 태도문제가 아니다. 병리적인 증상으로 이해해야 한다. 선택적 함구증은 부담을 느끼게 되면 점점 더 입을 닫게 된다. 스스로 말을 할 때까지 주변의 심리적 환경을 최대한 편안하게 만들어주는 것이 중요하기 때문에, 담임과 교과교사들은 그런 환경을 만들어 주려고 노력했다. 친구들의 짓궂은 장난 때문에 지영이가 화장실에 숨어 두려움에 떠는 일이 없도록 남학생들의 협조 또한 절실했다. 도움이 필요한 학생들을 배려하는 교사들의 모범이 그 어떤 훈계보다 강력하다는 것을 실감했다.

벚꽃이 만개하는 4월 둘째 주쯤이면 학교 뒤 우이천 주변 풍경이 정말 환상적이다. 아이들에게 봄을 맘껏 누리게 하고 싶어 6학년을 데리고 밖으로 나왔다. 시냇물을 바라보고 앉아 리코더로 '과수원길', '에델바이스'를 함께 연주했다.

지영이도 함께 나들이 나온 자리였다. 이제는 지영이에게 해코지를 하는 아이들보다 친절을 베푸는 여학생들이 늘어나는 중이었다. 그날은 지영이가 처음으로 내 옆구리를 쿡 찌른 날이기도 했다. 벚꽃이 호르르 떨어지는 장면을 함께 공유하려는 지영이의 예쁜 마음이었다.

지영이는 감정이 없는 아이가 아니구나! 다시 한번 확인하는 순간이었다. 또 지영이가 글이 아닌 터치로 자기감정을 다른 이에게 표현하는 극적인 순간이었다고나 할까! 어쩌면 지영이는 남들보다 풍부한 감성 탓에 상처와 스트레스에 더 민감했던 것일 수도 있다는 생각도 했다.

지금도 그렇지만 늘 아이들과의 생활 경험에서 많은 것들을 배우게 된다. 지영이처럼 말로 의사소통을 하지 않는 아이도 얼마든지 문자와 같은 대안으로 소통할 수 있다. 이처럼 특별한 문제로 언어적 소통에 어려움을 겪는다면 당분간 다른 방식으로 소통하도록 유도해야 한다. 그래야 일방의 단절이 양방의 단절로 번지는 것을 막을 수 있다. 그리고 기다린다면 진정한 소통이 가능하다는 것을 알게 되었다.

그렇게 한 달이 지나고 '스승의 날' 전날이었다. 지영이는 여전히 글로 소통하고 있었다.

지영이는 내게 선물을 하고 싶다고 했다. 의외의 제안에 잠시 생각하다가, 지영이 목소리를 듣고 싶다고 부탁했다.

- 난 지영이 목소리 한 번만 들어봤으면 좋겠어. 선생님 소원이야!

순간, 지영이는 곤란하다는 표정을 지었다.

- 그냥 말을 많이 하지는 말고 내가 물어보는 말에 대답만 하면 돼. 그럼 네 음성을 들을 수 있으니까.

지영이는 검지로 앞쪽 벽을 쑥 가리켰다. 내가 못 알아듣자,

‘저쪽을 보세요.’라는 메모를 적었다.

> – 그래, 나더러 돌아앉으라는 거구나. 알았어. 돌아앉을 테니까
>   들려줘. 지영아, 너 혹시 내일이 스승의 날이라서 여기 온 거니?
> – 네에!

처음으로 들어보는 지영이의 음성! 기어들 듯 아주 작은 목소리로 대답할 줄 알았는데 의외로 씩씩하고 걸걸한 남자 목소리 같은 분위기! 얼른 뒤돌아보니 지영이가 쑥스러운 듯 서 있었다. 감격의 순간이었다. 오랫동안 기다려온 시간이긴 하지만 생각지도 않게 받은 선물이라 참으로 고마웠다.

> – 와아! 고맙다. 선생님이 여태까지 받았던 선물 중에서 가장 큰
>   선물이야. 고마워.

내가 매우 기뻐하는 모습을 보고나서 지영이는 의자에 앉아 공책에 무언가를 쓰고 있었다. 이제 처음으로 말을 텄으니 앞으로는 걱정 안 해도 되겠다는 안이한 생각을 하고 있었는데, 지영이는 소통의 방법으로 다시 글을 선택했다. 말을 하려면 더 할 수도 있겠지만, 그동안의 침묵을 한 번에 깨기에 지영이에게 무리가 따를 수 있음을 이해했다.

7월 중순 디스크가 재발해 병가를 내게 됐다. 맥없이 누워 있는데 메시지가 왔다.

'상담 선생님, 빨리 나으시구요. 전 선생님 보고 싶어요. 그리고 선생님 사랑해요.♥♥♥'

2학기 개학날 지영이가 거듭 보내온 문자였다. 너무 반갑고 놀라 곧바로 통화 버튼을 눌렀다.

- 지영아, 고맙다. 네가 보낸 문자를 보니 금방 일어날 것 같네.

지영이와 4분 넘게 통화했다. 지영이가 학교에서 말을 하게 되었다는 소식이 들리면 더 빨리 나을 것 같다고 말했다. 아울러 지영이가 보고 싶다는 마음을 전했다.

그리고 얼마 뒤, 세덕이라는 남학생에게도 문자가 왔다. 안부를 묻고자 주고받은 메시지에서 뜻밖의 기쁜 소식을 전해 들을 수 있었다.

- 선생님 지영이가 학력 향상반에서는 저에게 말을 걸었어요.

세덕이는 5학년 때도 지영이의 목소리를 들은 적이 있다고 귀띔해 주었다. 지영이가 학교에서 말을 한다는 소식이 들리면 빨리 나을 것 같다고 하고 난 후, 지영이가 말을 했다는 소식을 듣게 된 것이 어쩌면 우연이 아닐지도 모른다고 짐작하니 아픈 곳이 싹 낫는 것 같았다. 그 일이 있고 며칠이 지나, 학교에 경사가 났다는 소식을 듣게 되었다. 지영이가 드디어 말을 하기 시작했다는 것이다. 담임선생님이 칠판에 축하한다는 글을 써 주었다고! 기뻐 흥분한 세덕이의 말이 내 방에 '빵빠레'처럼 울려 퍼졌다. 세덕이는 핸드폰 메세지로 내게 산삼까지 보내주며 빨리 학교에 나오라고 재촉했다.

지영이의 사례는 변화를 이끌어내기까지의 과정이 담겨 있다. 담임교사를 비롯해 많은 친구들, 주변의 학교 구성원들이 일치된 마음으로 지영이를 편안하고 안전하게 대하는 동안 일어난 변화였다. 지영이는 아무도 자기에게 불안감을 조성하지 않고 주변 사람들이 모두 자신을 편안하게 대해주는 것을 느낀 후에야 안전함을 확인하고 입을 열게 된 것이다.

무기로는 벽을 뚫을 수 없다. 그러나 이해와 기다림이라는 사랑 앞에 뚫지 못할 벽은 없다.

그동안의 일을 정리하면서 지영이가 입을 열게 된 치료 요인이 무엇인지 되돌아보았다. 말 안 하는 아이가 학급에 있을 때 담임은 참으로 부담이 된다. 읽기시간, 발표시간, 모둠별 활동시간에 참여하지 않기 때문에 여러모로 신경이 쓰인다. 게다가 모둠활동을 하면서 모둠경쟁을 하는 경우에는 그 아이와 같은 모둠의 구성원들이 불리해지기 때문에 불만을 갖는 아이들이 생긴다. 아이들의 입장에서는 당연한 항의가 함구증 아이에게는 더 큰 불안을 느끼게 한다.

지영이의 담임은 내게 물었다.

- 수업시간에 아무것도 안 하고 있는데 가만히 두는 것이 좋을까요? 아니면 활동에 참여하고 조금이라도 결과를 내도록 책임의식을 키워 종용하는 것이 더 나을까요?

- 지영이가 심리적으로 억압을 느끼는 것은 도움이 안 되니까 차라리 부담되지 않게 저 하고 싶은 활동을 하도록 편안하게 해주는 것이 도움이 된다고 생각해요.

담임은 나의 의견에 동조했고 지영이를 매우 편하게 해주기 위해 노력했다. 그 후로도 가끔 짓궂은 남학생들이 담임 몰래 지영이를 괴롭혀 화장실에 숨거나 수업시간에 들어오지 않는 일도 몇차례 있었지만, 지영이를 아끼는 주위의 모든 사람들이 지영이를 편하게 해주려 관심과 사랑을 아끼지 않았다.

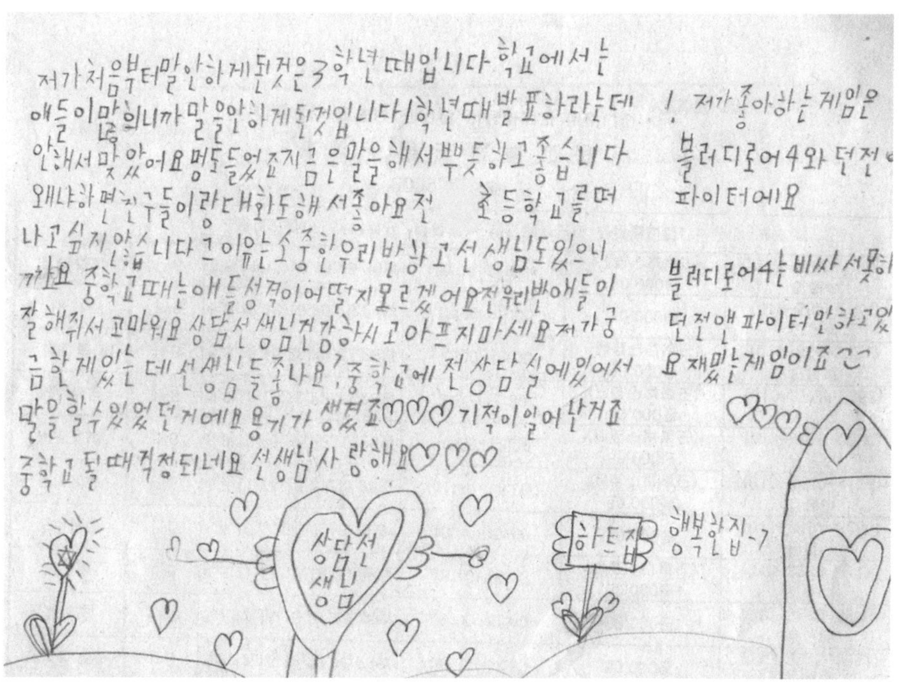

　　지영이를 아끼는 모든 사람들이 일치된 의견과 태도를 유지하지 않았다면 불가능한 일이었을 것이다.

　　그해 10월 하순, 건강을 회복하여 출근할 수 있었다. 이제는 친구들과 어울려 스스럼없이 지내는 지영이에게, "지영아, 네가 선생님을 빨리 낫게 한 거야!"라고 말했다. 그리고 그동안 참았던 물음을 조심스럽게 꺼냈다. 어떻게 해서 말을 안 하게 되었는지. 말을 안 하게 된 경위를 말로 풀기 힘들었을까.

당시에 바로 말해주지 않았지만, 지영이가 보내온 편지에서 지영이의 마음을 알 수 있었다.

열린 마음으로
닫힌 마음을 열 수 있다

아이의 형편과 처지를 중심으로 이해하고 노력하는 교사는 열린 마음을 가지고
있는 교사이다.

언젠가 이 경험을 교사들에게 소개한 일이 있다. 그리고 교사들에게 간곡하게 당부했던 말이 생각난다. '태도로 보면 안 돼요, 병리증상으로 이해해 주셔야 합니다.'

2009년 생활지도관련 저서를 출간한 이후로 많은 교사들이 따뜻한 관심을 보여주었다. 『교사를 당황하게 하는 아이들』 1권 16장에도 '입을 열지 않는 아이'에 이와 관련한 내용을 고스란히 실었다. 다시 한번 강조하고 싶다. 책임 있는 교사는 아이들의 태도를 바로잡아 주려는 사명에 불탄다. 그래서 말을 안 하는 아이가 담임 반에 있을 때 어떻게 하든지 말을 하게 하려고 애를 쓴다.

'선택적 함구증'에 대한 사전지식이 없으면 말을 안 하는 아이를 교사의 지시에 불복종하는 아이, 고집이 센 아이, 좋지 않은 태도를 가진 아이로 오해하게 된다. 그렇게 되면 아이에게 더 큰 부담을 주게 된다.

교사가 하기 쉬운 실수를 예상해보자.

– 말을 해, 말을! 너 말할 줄 모르니? 벙어리야?

답답한 마음에 다그치기도 하고 윽박지르기도 한다.
'내가 올해 저 아이의 입을 꼭 떼놓고 말 거야. 내 사전에 불가능은 없어!'
어떤 교사는 이런 식으로 생각할 수도 있다.
'쟤는 원래 말을 못 하는가보다. 공연히 스트레스 받지 않도록 아예 기대를 하지 말아야겠다.'
승산 없는 일에 에너지를 쏟고 싶지 않은 교사로서는 그것이 자기를 보호하기 위한 전략일 수 있다.
태도 문제로 바라보면 교사는 그 아이로 인해 스트레스를 받게 될 것이다. 위와 같이 다그침이나 욕심 혹은 무관심을 선택한다면 아이의 입은 점점 더 굳게 닫힐 것이다. 아이들의 문제 행동을 대하는 교사의 태도가 얼마나 중요한가를 일깨워준다.

'무슨 이유가 있지 않을까? 집에서는 어떤지 부모면담을 해봐야겠다.'

아이의 형편과 처지를 중심으로 이해하고 노력하는 교사는 열린 마음을 가지고 있는 교사이다. 아이들을 보다 인격적으로 대하고 격려하고 이해하며 따뜻한 관심을 갖는 교사야말로 지혜로운 교사가 아니겠는가.

학교에서 말을 안 하는 아이들이 점점 늘어나고 있다. 뿐만 아니라 저연령화되고 있다. 교사는 이런 아이들을 어떤 마음가짐을 가지고 대해야 할까? 원격연수 과정에서 함구증 아이를 지도했던 경험을 소개한 교사들의 이야기를 공유해본다.

〈교사1〉 지난 교직 생활 동안 힘들었던 순간들이 새록새록 생각났다. 그와 동시에 '왜 그때는 그렇게밖에 대처를 하지 못했나? 나로 인해 아이가 상처받고 더 나빠지지는 않았을까?' 하는 후회감이 드는 것도 사실이다. 아이가 문제를 일으키는 순간마다 당황하고 감정을 조절하기 어려워 화부터 내고 이성적으로 대응하지 못했던 때가 더욱 많았다.
솔직히 지금도 이성보다는 감정부터 앞설 때가 많다. 그렇다고 아이들의 행동이 나아지지도 않는데 말이다.

〈교사2〉 연수를 받으면서 문제 있는 아이들의 행동이 아이들만의 책임이 아님을 깨달았다. 예전엔 아이의 성향을 탓하거나 부모의 양육 태도를 탓했는데 연수를 받으면 받을수록 교사인 나의 문제도 매우 큼을 깨닫고 반성하게 되었다. 보다 따뜻한 교육자의 눈으로 아이들 하나하나, 문제 상황 하나하나에 관심을 가져야겠다는 다짐을 하게 해준 연수다.

하지만 아직도 해결되지 않은 문제가 많다. 연수가 끝난 후에도 복습을 하면서 아이들에게 정말 필요한 지도자, 상담자가 되도록 노력해야겠다.

가슴으로 품는 상처

교육은 말로 배우는 것이 아니라 삶을 통해 배우는 것이고 그것은 지혜가 되어
아이들의 성장에 피와 살이 될 것이다.

교사가 시간에 쫓기면 때로 섣부른 판단으로 편견을 가지게 된다. 편견과 선입견을 갖고 아이를 오해하면 잘못된 지도를 하게 될 수도 있다. 잘못된 지도란 아이들이 수용하지 않는 방법을 사용하는 것을 말한다. 뿐만 아니라 전혀 효과도 없는 것을 말한다. 바람직하지 않은 행동을 멈추고 바른 행동을 하라고 명령하고 지시하고 강요한다면 아이들은 그런 지도를 순순히 따르지 않을 것이다. 그렇게 되면 잘못된 지도를 받는 아이들만 상처받는 것이 아니라, 잘못된 지도를 하는 교사도 상처받게 된다.

이럴 때 교사가 로버트 딜츠(R. Diltz)의 인간행동 이해의 6모델을 이해하고 있으면 많은 도움이 된다.

다음은 로버트 딜츠의 모형이다.

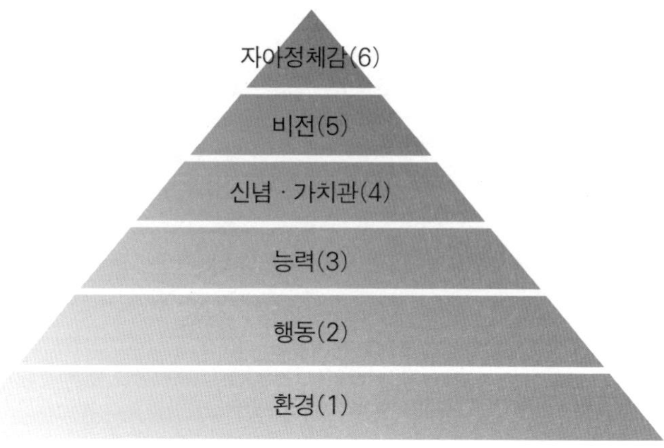

서로 다른 두 가지 가정을 해보자.

부모가 자주 싸우면서 폭력적인 언행을 하는 가정환경(1)에서 자란 아이는 친구들과의 관계가 원만하지 못하다. 친구들과의 관계에서 마음이 언짢거나 화가 나면 가정에서 보았던 부모의 행동대로 해결하려 한다. 싸움이라는 행동(2)으로 말이다. 이런 행동이 거듭되어 습관이 되면 싸움이 그 아이에게 능력(3)으로 자리 잡는다. 그 아이는 점점 자라면서 '폭력, 즉 힘을 통해 해결되지 않는 문제는 없다.'는 신념을 가지게 되고 대화보다는 힘을 사용하는 것이 필요하다는 가치관을 형성하게 된다(4). 나아가 그러한 신념을 바탕으로 세상을 살아가는 방식을 결정하고 선택하게 된다. 사회에 도움이 되지 않는 방식과 삶의 스타일을 가지고 힘과 폭력을 통해 세상을 지배하거나 주도권을 잡으려는 비전(5)을 갖고 그런 사람이 되어 그렇게 살아가게 된다(6).

반면, 책을 읽는 것이 습관이 된 가정환경(1)에서 자란 아이는 책을 읽는 것이 자연스런 행동이다(2). 그런 행동이 습관이 되면서 독서를 통해 터득한 지식이 그 아이의 힘이 되고 아이는 여러 가지 능력(3)을 갖게 된다. 책 속에서 얻은 간접적 경험과 깨달음은 그의 신념이나 가치관 형성에 도움이 되고(4) 그가 세상을 향해 꿈꾸는 비전(5)에 영향을 미친다. 결국 그는 책을 통해 자신의 삶을 윤택하게 하고 행복을 찾게 되는 삶을 살게 된다(6).

이해를 돕기 위해 다소 극단적인 예를 들긴 했지만 이는 아이들의 행동이 시작되는 출발점이 환경, 특히 가정환경임을 강조하기 위한 것이다.

인간행동의 6모델은 이렇게 아이들의 행동을 자세히 이해하는 데 도움이 되는 모형이다. 이 모형은 교사에게는 매우 의미 있는 모형이다. 아이들을 지도하는 데 있어 오해와 편견 및 선입견을 줄일 수 있도록 도움을 준다.

6학년 지석이는 마음에 가시가 많은 아이였다. 무슨 사정이 있었는지 모르지만 수업시간에 공부와 관련한 것은 아무것도 하지 않았다. 책상 위에 기본적으로 꺼내놓아야 하는 책과 공책도 없었다. 교사와 눈을 마주치지도 않았다. 언젠가 지석이에게 교과서는 어디 있느냐고 물었다가 민망하기만 했다. 아무 말 없이 무서운 눈빛으로 교사를 쏘아보는데 섬뜩하기까지 했다. 뒤쪽에 앉은 아이에게 눈짓으로 물어보았는데 그 아이마저 어깨만 으쓱할 뿐이었다.

담임은 지석이가 학습 부진아 반에 다니며 정서장애가 있고 감정 기복이 심해, 그 아이의 신경을 건드리지 않으려고 애쓴다고 했다. 가만히 내버려두면 수업을 방해하지는 않는다고 했다.

지석이는 수업시간에 대개 종이학 접기를 했다. 어깨에 메는 작은 헝겊 가방 속엔 늘 종이학을 접을 종이가 가득 차 있었다.

여름 방학에도 학습 부진아 반 아이들은 학교에 나와 수업을 받았다. 팀 빌딩(team building)이라는 활동으로 수업하던 날 나는 아이들의 수업을 참관할 수 있었다. 보고 놀라지 않을 수 없었던 것은 지석이가 활동에 적극적으로 참여하는 모습이었다. 어찌나 집중하면서 활동에 몰입하는지 그동안 한 번도 보지 못했던 모습이었다. 지석이도 활동이 자기 수준에 맞고 재미있으면 그렇게 몰입할 수 있다는 것에 놀랐다. 정규수업 과정에서는 활동이 자기 수준에 맞지 않아 관심을 가질 수 없었던 것 같았다.

이쯤 되면 수업활동에 불참하는 지석이의 행동이 어디서 근원하는지 궁금할 것이다. 추석이나 음력설을 지내고 오면 자주 활용하던 활동지가 있다. 활동지는 매우 간단한 내용이어서 이면지만 있으면 바로 만들어 시작할 수 있다.

A4용지를 세로로 놓고 이름 쓸 칸만 위쪽에 남긴 후 대각선으로 선을 긋도록 한다. 그리고 가운데에 지름 4-5cm 정도의 원을 그린다. 원 안에는 '20○○년 설날 또는 추석'이라고 쓴다.

위 칸엔 '어떤 교통편으로 어딜 갔었는지, 몇 시간 걸렸는지, 어느 도시를 거쳐 갔었는지'를 적는다. 왼쪽 칸엔 거기 가서 만난 사람들을 모두 적는다. 오른쪽 칸엔 그중에서 본받고 싶은 사람들(역할 모델)과 그 이유를 적는다. 아래 칸엔 다녀온 소감을 간단히 적는다.

당시 지석이가 작성했던 활동지를 보관하고 있어 참고로 소개해본다.

지석이는 수원에 다녀왔다. 그곳에서 청각 장애인 외삼촌, 이모, 외할머니, 친척동생, 고모 친할머니를 만났다. 그 중에서 본

(간 곳)
수원

R.M

청각 장애인
외삼촌
이모 외 할머
친반사
청각 장애인
할아버지
진척동생
고모
진할머니

행복하게
했았으
좋게

추석

소감 : 참 안 좋았다 (용원)

자기 관리

받은 용돈 : 75,000원

쓴돈 3000원 쓴 곳 : 문구점 산 물건 : 펜

받고 싶은 사람 즉 역할 모델(role model)은 청각 장애인 할아버지인데 그 이유는 적지 않았고 대신 할아버지가 행복하게 살았으면 하는 바람을 적었다. 다녀온 소감을 보면 기분이 좋았다고 한다. 이유는 용돈을 많이 받아서임을 알 수 있다.

내가 그 활동지를 보고 지석이에 대해 나름대로 이해한 내용을 다음과 같이 정리해보았다.

외할아버지와 외삼촌이 청각 장애인이라면 유전적인 장애일 수 있다. 추측하건대 엄마에게도 청각 장애가 있을 수 있다. 이러한 추측은 추리하기 위해서가 아니라 이해하기 위해서임을 염두에 두자.

엄마에게 장애가 없다 할지라도, 아이의 외할아버지, 외삼촌에게 청각 장애가 있다는 것은, 지석이가 언어적 소통과 반응이 자유롭지 못한 환경에서 자라왔음을 뒷받침한다. 특히 지석이의 엄마의 경우 성장하면서 그런 어려움을 더 겪었을 것은 말할 나위 없다. 엄마의 언어 발달도 늦었을 것이며, 지석이가 그 영향에서 자유로울 리 없다. 지석이는 언어 발달이 또래 아이들에 비해 많이 뒤처져있다. 이 때문에 입학과 동시에 의사소통을 하는 데 있어 난관에 부딪혔을 것이다. 따라서 학교생활에 적응하기 어려웠을 수 있다. 아이들이나 교사를 대할 때 주눅 들었을 것이며 피해의식이 커져 소극적인 학교생활을 했을 수밖에 없었을 것이다. 당연히 학습능력은 뒤떨어지고 학습부진이 누적되었을 것이다.

　지석이가 사람들과 눈을 마주치지 않는 것, 마음에 부담을 느끼는 말을 들으면 그 대상이 누구든지 간에 거칠게 반응하는 것은 그런 과정이 쌓여 생긴 결과이다. 언어 발달의 더딤이 대인관계 속에서 좋지 않은 경험을 하게 했고 그 때문에 부정적 정서가 쌓인 것이리라.
　단순한 한 장의 활동지이지만, 또 비록 추측이 주를 이룬 해석이지만, 많은 부분 지석이를 이해할 수 있는 바탕이 생긴 셈이다.

　아까 확인했다시피 지석이는 자신이 할 수 있는 수준과 범위 안에서는 즐겁게 활동하고 소통한다. 이제 교사는 지석이가 잘하지 못하는 것을 강요하지 않게 되었다. 대신 지석이가 잘할 수 있는 것을 찾기 시작했다. 무엇을 잘할 수 있을까. 아이에게 부담을 주지 않으면서도 학급에 도움이 될 수 있는 일이 무엇일까. 고민한 끝에 교사는 지석이에게 앞으로 학습자료 바구니를 옮겨 줄 수 있는지 조심스럽게 물었다. 지석이는 할 수 있다고 자신 있게 말했다. 그 후 꾸준히 아주 즐겁게 그 일을 해주었다. 학급 친구들도 지석이가 학급을 위해 무엇인가를 돕는 것에 적잖이 놀라워했다.

지석이는 앞뒤 꽉꽉 막힌 불통대장이 아니었다. 친구들도 지석이에 대한 새로운 인식이 생기면서 소통의 기회는 점점 늘어갔다.

2학기에 들어 지석이네 학급을 데리고 공개수업을 하게 되었다. 많은 교사들이 와서 참관하는 자리였는데 지석이가 손을 번쩍 들고 발표까지 하는 것이 아닌가! 정말 새롭고 놀라운 변화였다. 수업이 끝나고 참관했던 한 여교사가 이런 말을 했다.

– 선생님, 놀랐어요. 이 반이 정말 7반 맞나요?

그 교사도 7반에 수업을 들어가는 교과교사였다. 공개수업 때의 지석이 반응이 평소 수업 분위기와 전혀 다른 것에 놀란 것이다. '지석이가 발표를 다 하다니!'

이해는 소통을 하게 하고, 소통은 이렇게 아이들을 변화시킨다. 그날 이후로 지석이는 수업시간이 되면 교과서도 미리 준비할 정도로 변화했다. 아이들이 지석이를 대하는 태도도 긍정적으로 변화함을 느낄 수 있었다.

같은 활동지를 다른 아이들은 어떻게 작성했는지 참고해보자.

[갔던 곳]

경상북도 상주시 은척면에서
조금들어가면 있는 작은 마을인
황령3리에 있는 할머니 댁에
갔다왔다.

[만난사람]

사촌언니, 고모
사촌오빠, 사촌동생
작은아빠, 작은엄마
할머니 등

닮고싶은 사람 : 할머니

이유 : 올해 칠순이신
할머니께서는 도
와달라는 말 없이
혼자 힘든 농사
를 지으시고, 작
…에 때상암
…수술하셨어도
…없이 하
…게 이라도…

[했던 일]

밤 따기, 낚시
고구마 캐기, 송편만들기

6학년 추석

[소감]

매년 찾아오는 추석
이지만, 올해 추석은 6학
년 마지막 명절이기도 해서
정말 기억에 남는다. 이제 내
…이면 중학생이 되니, 요번 추
석때 있었던 일이 기억에 조금
이라도 많이 남을 것 같다

간 곳

출발 : 10시(pm)
도착 : 3시(Am)
총 간 시간 = 5시간
위치 : 강원도 동해시
OO? 발한동 삼성아파트

햇던 일

1. 할머니가 아프셔서 병원에 입원하셔서 내가 가서 쪼끔 보살펴 드렸다.
2. 나의 둘째고모가 잠시 몇일을 어디 갔는데 고모딸을 봐주었다.
3. 엄마를 도와 음식을 만들었다

6학년 추석

만났던 사람

할머니, 할아버지
고모, 고모부
둘째고모, 둘째고모부
친척들(삼촌, 고모 이모, 형 동생)
그리고 고모들의 아이들 3명

닮고 싶은 이유!
올해추석은 할머니가 아프셔서 일을 오로지 할아버지 혼자 하셨는데도 얼굴 한번 찌푸리지 않아서

소 감

이번 추석은 별로 기쁘지 않은 추석이 됐다. 왜냐하면 할머니가 아프시기 때문이다. 음식도 별로 하지않았지만 송편은 맛있었다. 6학년 마지막 추석이였는데..

＊＊＊

가족 결속력이 점점 약해지는 요즘이다.

명절이나 큰일을 맞아 친척들이 모일 때 가족관계에 관심을 갖도록 해야 한다. 어른들의 이야기를 들으면서 삶을 배워야 한다. 그분들의 삶 속에서 무엇을 닮아야 하는지를 찾는 활동은 매우 의미 있는 활동이다. 고생해 농사지은 것을 자손들에게 나눠주시는 할머니의 사랑에 대해 기술한 부분이 눈에 띈다. 이런 것이 말로 가능한 교육이겠는가?

교육은 말로 배우는 것이 아니라 삶을 통해 배우는 것이고 그것은 지혜가 되어 아이들의 성장에 피와 살이 될 것이다.

반면, 위의 네 칸을 채울 내용이 아무것도 없다는 아이들도 있었다. 갔던 곳 '우리 집', 했던 일 'TV 보기', 만난 친척 '없음', 본받을만한 가족 모델 '없음'이라고 적은 아이도 있었다. 그런 아이들을 만나면 안타까울 뿐이다. 어떤 사정으로 친척들과의 왕래가 끊긴 것인지 아니면 부모님 두 분 다 무남독녀인지. 혹 나쁜 감정으로 서로 등지고 있는 것은 아닌지, 그렇다면 자녀들을 위해서라도 회복의 기회를 적극적으로 가져야 하는 것은 아닌지. 이 생각 저 생각, 생각을 많이 하게 되는 활동 결과다.

아이들의 성장과정에서 다양한 사람들을 만나 관계를 맺는 것은 중요하다. 사람들과의 관계 속에서 좋은 피드백을 주고받을 수 있기 때문이다. 그렇게 인적관계망을 넓혀나가는 것은 자녀 양육 과정에서 부모가 해야 할 필수적인 일이다. 삶의 경험이 확장되고 원만한 성격 형성에 도움이 되기 때문이다.

결국 여러 사람들을 만나게 하는 것은 아이의 대인관계 능력이나 감정 조절 능력을 키워주는 것이다. 그렇기 때문에 친척들과의 왕래 역시 아이의 교육에 중요한 역할임을 자각할 필요가 있다.

오해받지 않고 이해받을 권리

상처가 있는 아이의 경우는 교사가 먼저 아이의 가정환경을 이해하려는 노력도
중요하지만, 보호자로부터 듣는 정보가 많은 도움이 되는 것은 사실이다.

아이들의 생활교육을 하다 보면 부모면담을 요구해야 할 때가 있다. 부모가 가정에서 조금만 도와주면 교사 혼자 지도하는 것보다 훨씬 도움이 될 것이라고 생각될 때 그렇다. 아이들을 지도하는 데 있어 가정환경이나 사정을 모르면 역효과가 나는 경우가 있기 때문이다.

가령, 잦은 말썽을 부리는 아이에게 교사가 흔히 하는 말이 있다. '너 집에서 부모님한테 그렇게 배웠어?', '부모님도 네가 학교에서 이렇게 행동하는 거 아시면 잘했다고 하시겠니?', '부모님이 너 학교에서 이렇게 하라고 아침 일찍 일어나 밥해서 먹여 보냈겠니?'

이런 말을 듣고 가슴으로 반성하는 아이는 드물다. 대개 아이들은 교사가 부모님을 끌어들여 훈계하는 것을 가장 싫어한다.

혹시라도 교사가 자기 부모를 안 좋게 생각하는 말을 하면 아이는 그 교사를 미워하게 될 수도 있다. 만약 부모 중 한쪽이 없거나 아니면 조손가정에서 자란 아이들이 교사로부터 부모를 끌어들이는 훈계를 들었다면 심각해진다. '부모'라는 말 자체가 부담이거나 상처인 아이들이 있다는 것을 교사는 간과해서는 안 될 것이다. 만약 아이가 '난 엄마 아빠 그딴 거 없는데요. 어쩔 건데요?' 하거나, '전 부모가 없어 못 배웠는데요.' 식의 반발심을 갖게 되면, 반성을 이끌어내기는커녕 교사를 넘어 학교 전체에 대한 강한 적대감을 갖게 될 수 있다.

꽤 오래전 아마 1996년으로 기억한다. 5학년 학급담임을 할 때의 일이다.

4월 과학의 달을 맞아 5학년 학생들을 대상으로 외부팀을 초청해 특별한 과학 실험을 보여주게 되었다. 실험 과정엔 위험한 변수도 있어서 아이들에게 단단히 주의를 주고 참관하도록 했다. 흥미진진한 실험이 진행되고 있는데 우리 반 아이가 앞에 나가 있는 것이 보였다. 체구가 작았던 그 아이는 실험도구를 얹어 둔 테이블 밑에 들어가 있었다. 그 안에서 테이블 아래 고정된 쇠막대에 철봉 하듯이 대롱대롱 매달려 있는 것이 아닌가?

깜짝 놀라 손짓으로 들어오라는 신호를 보냈지만 아이는 그 스릴 있고 재미난 행동을 멈출 수 없다는 듯 꿈쩍도 안 했다. 실험 참관이 끝난 뒤 주의사항을 어긴 그 아이가 혼난 것은 물론이었다.

그 아이에게 집 전화번호를 물었다. 아이가 학교에서 위험한 행동을 하고 있음을 알리고 학교에서의 규칙과 질서를 지키는 일에 부모님도 협조해달라고 전화할 참이었다. 아이는 집에 전화해도 받을 사람이 없다고 했다. 엄마가 밤늦게 들어오기 때문이라고 덧붙였다. 밤 11시가 넘어야 집에 돌아온다고 하니, 실례를 무릅쓰고 밤늦게 전화를 걸었다.

  – 여보세요? 밤늦게 죄송합니다. 홍현우(가명) 학생 담임입니다.
  – 네, 그런데 이 밤에 웬 일이세요?
  – 현우가 밤늦게나 어머님과 통화가 된다고 해서 어쩔 수 없이 늦었습니다.
  – 현우가 그래요? 제가 엄마라고?

이건 무슨 말인가? 그럼 엄마가 아니란 말인가? 난 얼른 당황하는 기색을 감추고 목소리를 진정시켰다.

  – 네? 그럼, 부모님이 아니신가요?
  – 저는 현우 큰엄마예요. 현우 어렸을 때부터 사정이 있어서 제가 맡았어요.

더 이상 다른 말을 할 수가 없었다. 반 아이의 가정 사정도 모른 채, 친엄마도 아닌 큰엄마에게 밤늦게 전화를 건 내 자신이 민망했다. 그 내용이 내게 갑작스럽고 부담스러울 수도 있다 생각했는지, 현우 큰엄마는 어떻게 조카를 맡아 키우게 됐는지 이야기해 주었다.

큰엄마로서 조카를 돌봐주는 일에도 한계가 있을 것 같았다. 학교에서 일어났던 일을 자세히 알리는 것은 큰엄마에게 또 다른 스트레스를 주는 일일 것이었다. 늦은 시각 전화한 것에 대한 미안함을 전하며 대충 마무리하고 전화를 끊었다. 시간이 될 때 현우에 대한 자세한 이야기를 해주십사 하는 부탁을 잊지 않았다.

어리석게도 어떤 것을 알고 난 후에야 비로소 이해되는 것들이 너무나 많은 때였다. 현우를 이해하기 위해 그간 아무것도 하지 않았던 일이 부끄러웠다. 나서서 캐묻는 것도 학생이나 부모에게 예의는 아니지만, 그렇다고 '쟤는 원래 저러니까.' 방관만 하는 것은 더 바람직하지 않다고 생각했다. 잠깐의 통화였지만, 현우를 이해할 수 있도록 정보를 준 현우 큰엄마가 고마웠다. 늦은 시각 담임으로부터 전화가 걸려왔다는 것 자체로 이미 큰엄마는 현우의 학교생활에 어떤 문제가 있음을 직감했을 터였다.

그날, 짧은 통화를 급히 마무리하면서 알게 된 내용은 현우가 아기였을 때 생모가 가출하면서 현우는 처음에 고모네 집에서 지내다 큰엄마네로 옮겨와 지금까지 살고 있다는 것이다. 아빠는

지방으로 일하러 다니면서 한 달에 한 번쯤 올라와서 현우를 본다고 했다.

　이런 내용을 미리 알았더라면 얼마나 좋았을까? 하지만 큰엄마도 살기 바빴을 것이니 현우에 대해 담임교사를 찾아와 상담할 여유가 없었을 것이다. 그저 먹이고 입히고 재우며 키워주는 것으로 엄마 자리를 대신해 준다고 생각했을 것이다. 이렇게 현우처럼 상처가 있는 아이의 경우는 교사가 먼저 아이의 가정환경을 이해하려는 노력도 중요하지만, 보호자로부터 듣는 정보가 많은 도움이 되는 것은 사실이다. 이왕이면 새 학년 새 학기가 시작되기 전 아이에 대해 담임교사와 상담한다면, 교사는 아이에 대해 이해할 수 있는 유익한 정보를 가질 수 있기 때문에 좋고, 아이는 오해가 아닌 이해받을 수 있는 기회가 생겨 좋은 것이다.

　'애정이 결핍된 아이, 애착형성에 실패하여 주변의 어느 누구도 신뢰할 수 없는 아이, 정서가 불안해 주어진 활동에 집중하기 힘든 아이, 더 이상 잃을 것이 없다는 생각으로 자기가 하고 싶은 행동에 몰입하는 아이, 순간순간 절제를 잘 못하는 아이, 자기를 버리고 간 생모에 대한 분노가 무의식 속에 크게 자리 잡고 있을 아이…….'

　그동안 수업이 끝나면 한 사람씩 담임과 허깅을 하고 헤어지는 순간에 현우가 왜 엉덩이를 뒤로 빼고 담임 품에 안기지 못했는지 이해가 갔다. 이렇게 아픔이 있는 아이들을 대할 때, '이해하는 것'의 중요성을 잘못 이해하면 탈이 날 수 있다. 그 아이에게 직접적으로 상처를 언급하지 말아야 하는 것이다. 예를 들면, '네가 엄마가 가출하셔서 이렇게 삐뚤어진 행동을 보이는구나.' 식의 직접적인 상처 언급은 위험하다. 이런 정보들을 알게 되었다면, '아, 이것이 이 아이로 하여금 그런 행동을 하게 만들었구나.'를 가슴으로 이해해야 한다는 뜻이다. 표정으로라도 조심해야 한다. 이런 실수를 하지 않을 것 같지만, 유의하고 있지 않으면 실수하게 될 수도 있다.

잘못된 배려는 아이의 상처를
더 깊게 만든다

아이의 문제를 가정환경의 문제에서 찾아 이해하게 된다면, 아이를 더 문제아로
보는 시각은 달라질 것이다.

예전에 경제적으로 가정형편이 어려운 데다 새엄마 품에서 자
라는 아이가 있었다.

하루는 친구의 생일파티 초대장을 받게 되었고 그 아이는 친구
에게 못 간다고 초대장을 돌려주었다고 한다. 오지랖이 넓은 친
구의 엄마는 그 이야기를 전해 듣고 담임에게 전화를 걸었다.

— 지아(가명)가 선물 살 돈이 없어 우리 애 생일파티에 못 오나 봐
요. 지아 새엄마한테 전화를 걸어 지아가 생일파티에 올 수 있게
해 주세요.

친구 엄마 딴에는 지아를 배려하고자 한 말이었을지 모르겠으나, 그 말 안에는 지아가 선물 살 돈이 없어 계모의 눈치를 보느라 친구의 생일파티에 오지 못한다는 동정의 시각이 투영되어 있다. 그런데 그동안 몰랐던 지아에 대한 정보를 잘못 알게 된 담임은 어이없게도 지아의 집에 전화해 실수를 저지르고 말았다.

– 지아가 선물 살 돈이 없어 친구 생일파티에 못 가고 있다면서 요? 지아 어머니, 선물은 없어도 된다고 친구 어머니가 그러시 네요. 지아를 친구 생일파티에 좀 보내주시면 안될까요?

담임의 잘못된 전화 한 통으로 지아의 새엄마가 상처받은 것은 물론이고 지아 또한 상처받고 말았다. 심지어 다음날 생일파티에 참석했던 아이들이 지아에게 우르르 몰려와 이렇게 말했다.

–너 선물 살 돈이 없어 못 왔다며?
–너네 새엄마가 못 가게 했다며?

그랬으니 그 아이가 받았을 상처가 얼마나 깊을지 짐작이 갔다. 지아는 생일파티에 못 간다고 친구에게 초대장을 돌려주면서, 어떤 이유 때문인지 말하지 않았는데, 어른들의 잘못된 배려로 말이 와전되어 깊은 상처를 갖게 된 케이스였다.

때로는 잘못된 배려의 방식이 더 큰 상처를 남기기도 하니 주의해야 할 것이다.

지아에 대한 이해와 배려에도 이런 실수가 끼어들어선 안 될 것이었다. 지아가 규칙에 어긋나는 행동을 보인 이유에 대해 이해했다. 그러면 어떻게 해야 할까?

이해하게 되면 그다음은 쉬워진다. 아이의 문제 행동에 접근하는 방식이 달라질 것이기 때문이다. 꾸중이 아닌 친절한 지도가 가능해질 것이다. 명령, 지시, 강요(명지강)가 아닌 인정, 격려, 질문(인격질)으로 아이와의 소통을 이끌 수 있다.

그러나 아이를 대하는 접근방식이 달라진다고 해서 당장 아이 마음이 열리는 것은 아니다. 아이가 마음을 열기까지는 오랜 시간이 필요하며 동시에 주변 사람들의 인내도 필요로 하게 된다.

이미 부모로부터 반복되는 무관심과 거절을 경험한 아이들은 누가 어떤 친절을 베풀어도 그것을 믿으려 하지 않는다. 그래서 꾸준하고 진심이 담긴 돌봄이 필요하다. 힘들지만 교사가 이런 부분을 이해하고 사랑을 베풀어야 한다.

가정환경을 이해하는 것은 아이를 이해하는 데 많은 부분 도움이 된다. 거듭 말하자면 부모는 가능하면 정확한 정보를 자세하게 담임에게 전해주어야 자녀지도에 도움이 될 수 있다.

80-90년대까지만 해도 '가정환경 조사서'란 것이 있었지만 언젠가부터 '프라이버시 침해'라는 이유로 중단되었다. 또한 있다 해도 가정환경 조사서를 기록해 온 내용을 보면 사실과 얼마나 일치하는지 신뢰가 안 될 때도 있다.

교사들 중에는 부모와 함께 진정성을 가지고 아이의 성장사에 대해 이야기를 나누고 싶은 아쉬움을 가진 이들이 많다.

요즘은 다행히 학교마다 학부모 상담 주간이 일 년에 두 차례 정도 실시된다. 맞벌이 가정을 배려하여 야간 상담까지 진행하기도 한다.

그렇게 해도 상담할 담임은 혼자이고 학부모는 20여 명이 넘기 때문에 상담 시간이 넉넉하진 않다. 한 학부모에게 배정된 시간은 30분 정도여서 개인적인 사정을 가진 분들이 충분히 대화를 나눌 시간은 되지 않는다. 아마 따로 시간을 내야 할 것이다.

　지금까지 여러 사례를 들어 아이들을 제대로 이해하는 것이 얼마나 긍정적인 변화를 가져다주는지 살펴보았다.

　아이들의 문제는 대부분 가정환경의 문제에서 출발한 것들이다. 아이의 행동이 좀 지나치다고, 교사를 힘들게 한다고 쉽게 문제아로 단정 지으면 안 된다. 그렇게 하면 부모나 교사는 문제아를 향해 '명령, 지시, 강요'를 일삼을 것이다. 문제아는 더욱더 문제를 일으킬 것이다.

　그러나 아이의 문제를 가정환경의 문제에서 찾아 이해하게 된다면, 아이를 더 문제아로 보는 시각은 달라질 것이다. 인정하고, 격려하고, 존중할 아이들만이 남을 것이다.

　아이 문제를 해결하지 못할 것으로 쉽게 인정하는 것은 아이에 대한 예의가 아니다. 아이와 관련된 문제는 어른이 이해하고 도와주면서 풀어나가야 한다.

　아이들의 닫힌 마음을 열고 소통하기 위해서는 어떻게 해야 할까? 먼저 교사의 노력이 선행되어야 한다.

　교사의 마음이 열리면 아이의 닫힌 마음이 열린다. 그 아이를 향해 문을 닫았던 친구들의 마음도 자연히 열릴 것이다.

　이렇게 하려면 교사의 마음이 안정되고 여유로워야 한다. 교사를 바쁘게 하고 업무추진으로 쫓기게 하는 상부의 지시들은 결국 아이들을 더욱 힘들게 하는 것이다.

3 유력한 용의자

- 문제 아이 곁에는 문제 어른이 있다
- 부모의 과도한 사랑이 아이를 망친다
- 착한 아이 콤플렉스

문제 아이 곁에는 문제 어른이 있다

메리 고든의 『공감의 뿌리』에서는 부모와 교사를 '유력한 용의자'라고 표현한다. 왜 유력한 용의자일까? 아이가 보이는 문제 행동이나 정서 상태 모두 부모와 교사가 제공한 원인에서 비롯된다는 의미에서 그렇다. 아이의 문제는 대부분 어른들 탓이다. 그렇기 때문에 문제 행동의 원인 제공자는 부모와 교사를 포함한 어른들인 점에서 바로 유력한 용의자인 셈이다. 원인이나 과정을 생각하지 않고, 결과만으로 '아이가 문제'라고 판단하면 안 된다. 그렇게 부모나 교사가 아이를 문제아라고 보는 그 시기부터 아이의 문제 행동은 더 심각해진다.

『나의 라임 오렌지 나무』의 한 대목이 생각난다. 어린 제제가 길거리 아저씨에게 노래 하나를 배웠다. '나는 벌거벗은 여자가 좋아'란 노래였다. 자랑하고 싶은 마음에 아버지 앞에서 그 노래를 불렀는데, 제제에게 돌아온 것은 회초리와 꾸중이었다. 아버지가 왜 화를 내며 때렸는지 제제는 이유를 몰랐다. 아버지에겐 제제가 불량스럽게 보였을 것이다. 아버지도 제제도 서로의 마음을 이해할 수 없었다.

성장소설로 유명한 『호밀밭의 파수꾼』의 콜필드도 문제투성이 학생이었다. 연일 학교에서 일탈행위를 일삼다 결국 가출하고 만 콜필드의 행동은 부모나 교사가 감당하기 힘들었다.

그런데 여기서 제제나 콜필드를 문제아라고 할 수 있을까? 문제아라고 낙인찍기 전에 어른들이 그들을 어떻게 대했는지 생각해봐야 한다. 어른들이 그들을 제대로 이해하지 못한 것은 아닐까? 이해하려고 노력은 했을까? 성장통을 혹독하게 겪는 아이들의 갈등과 그 속마음을 어른들이 무시해버린 것은 아닐까?

제제나 콜필드의 행동은 학교에선 무거운 생활지도 주제들이다. 제제는 겨우 5살밖에 안 됐지만 세상을 그런 식으로 경험한 아이가 학교에 입학하게 될 때 어떤 행동을 하게 될지 짐작이 갈 것이다.

생활지도의 본질적 의미는 바람직한 행동과 습관을 익히도록 해서 각자의 꿈을 이루도록 돕는 활동이다. 하지만 지금은 그 의미가 변질되어 문제 행동을 바로 잡아주는 활동으로 이해되고 있다. 문제 행동이 먼저 떠오르게 되니까 머리부터 지끈지끈 아파 오는 분들도 있을 것이다. 그러나 아이들의 행동을 이해하고 나면 영원히 평행선일 것만 같았던 문제의 교차점이 보이기 시작한다. 관계 회복과 문제 극복을 위한 노력은 양방 간에 동시적으로 일어나야 한다. 하지만 먼저 부모와 교사가 아이들을 이해하려고 노력해야 한다. 그것이 아이들과의 관계에서는 특히 중요하다. 그리고 무작정 문제아라고 부르기 전에 자신이 문제 어른은 아니었는지 먼저 생각해봐야 할 것이다.

부모의 과도한 사랑이
아이를 망친다

나는 부모로서, 교사로서 아이의 자율성과 자기 결정권을 빼앗고 있지 않은지
돌아봐야 할 것이다.

언젠가 동료들과 함께 택시를 탔는데 나이 지긋한 기사님이 혹시 교사냐고 물어보았다. 교사는 어디를 보더라도 표시가 나는 듯했다. '그렇다'고 대답하자 기사님은 대뜸 이렇게 말했다.

– 학교 폭력을 없애려면 어떻게 해야 하는지 알아요?

기사님만 아는 비법이 있는 것 같아서 우린 혹시나 하고 귀를 기울였다.

– 한번은 중학생 몇이 택시를 탔어요. 그래서 학교 폭력문제를

꺼냈더니 대뜸 아이들이 이러지 않겠어요.

- 엄마가 문제예요, 엄마들 때문이에요.

엄마들이 끼어들어 문제가 더 확대된다는 의미였다. 그러면서 기사님은 긴 이야기를 꺼냈다. 예전에는 학교에서 싸우거나 맞으면, 부모에게 말도 못 꺼냈을 뿐더러 혹시나 부모에게 응원이라도 받을까 하는 마음으로 말했다가는 오히려 된통 혼만 났다고 한다. 그러니 혼나지 않으려면 먼저 싸우지 말아야 했다. 혹 싸웠더라도 혼자 알아서 화해를 해야 했다는 것이다.

그 말에 우리는 공감했다. 부모의 그런 태도는 얼핏 보면 무관심 같지만, 자녀의 문제 해결 능력을 키워주려는 부모의 지혜가 담겨 있다. 옛 어른들은 참으로 슬기로웠다.

일부 부모들은 내 아이 일이라면 극성맞을 정도로 관여한다. 학교에서 자녀가 친구와 싸우다 맞고 오면 부모가 더 요란하게 반응한다. 곧바로 학교로 항의 전화를 하거나 달려와서 교사를 질책하는 것이다. 과연 아이들이 훗날 엄마 없이 스스로 자신의 문제를 해결할 수 있을지 염려스럽다. 그런 엄마들의 행동을 보호라고 할 수 있을까? 그렇다고 무심하라는 것은 결코 아니다. 도움이 안 되는 경우를 다시 한번 생각해보자는 것이다.

일대 다수의 상황에서 한 명이 일방적으로 괴롭힘을 당할 때는 부모와 교사가 적극적으로 나서서 아이를 도와야 한다. 하지만 소소한 학생들 간의 다툼을 크게 부풀려 반응하는 것은 바람직하지 않다. 심지어 부모 혼자 오는 게 아니라 뜬금없이 삼촌, 이모, 고모 등 주변에 기 센 사람은 죄다 끌고 오는 경우도 있다. 일단 와서 소란을 피우면 안전 공제회로부터 확실한 보상을 받을 수 있고, 다른 아이들이 자녀를 더 이상 괴롭히지 않을 것이라는 계산을 하는가 보다.

물론, 간혹 학교 폭력을 견디다 못해 소중한 자녀가 돌아올 수 없는 길로 떠난 사건은 심히 안타깝다. 부모라면 누구나 분개할 일이다. 그 상처가 무엇으로 치유될 수 있을까?

그 사건을 계기로 관련법이 강화되어 제도가 바뀌었다. 당국의 학교 폭력을 뿌리 뽑으려는 강력한 의지가 학교현장에 전달되었다. 이제는 학교 폭력 유공 교원에게 가산점을 주는 제도까지 생겼다. 그러나 교사를 깊이 이해하면 이 제도는 우스꽝스런 발상일 뿐이다. 이런 허황된 궁여지책을 짜내느라 얼마나 고심했을지? 탁상행정이 부끄러울 따름이다.

우리를 태운 택시 기사님은 가끔 군입대하는 청년과 가족을 태우고 집결지까지 가는 경우가 있다고 했다. 청년에게 몇 살인지, 뭘 전공하는지, 기분이 어떤지 등을 물어보면 하나같이 당사자는 입을 다물고 엄마들이 냉큼 대답한다고 했다. 그러면 아버지는

'아니, 얘가 어린애야? 아들이 대답할 말을 왜 당신이 해?'라고 핀잔을 준단다. 기사님은 이런 상황에서도 청년은 별말이 없다고 한탄했다.

한번은 영어 시험을 막 치르고 나온 아이와 밖에서 기다리고 있던 아이의 엄마를 태웠단다. 모자는 타자마자 시험 관련 이야기를 나누었는데 중학생 아들이 엄마에게 시험을 잘 못 보았다고 하소연하고 있었다고 한다. 기사님이 '정신이 혼란스러우면 시험에 집중이 안 되니까, 시험 칠 때는 집중을 해야 한단다.' 하고 손자나 조카에게 조언하듯이 자기 생각을 말했다고 한다. 그랬더니 대뜸 그 중학생 아이가 '아, 재수 없어. 이 차 다시는 타나 봐라.' 하더란다. 황당해서 뒷좌석을 돌아보니 엄마가, '가뜩이나 속상한 애 앞에서 그게 할 소리예요?' 하고 소리치는데, 민망해서 혼났다고 했다.

이 이야기를 듣다 보니 얼마 전 서울의 모 사립 명문대 교학처 근무 직원의 하소연 내용도 생각난다. 요즘 대학생들이 자기 앞가림을 못해 어이없고 황당한 일을 많이 겪는다고 한다. 입학 시기가 되면 새내기 배움터와 관련한 문의 전화가 말할 수 없이 빈번하다고 한다. 이때 대학생 본인이 전화하는 경우보다 부모가 대신 일정을 문의하는 경우가 더 많다고 한다. 게다가 마지막에 꼭 확인하는 한마디는,

- 만일 참여하지 않으면 교우관계나 학점에 불이익이 생기나요?

부모들은 자녀의 교우관계나 학점에 불이익이 생기는 것만 중요하고 자녀가 독립심을 잃어가는 것은 대수롭지 않은 듯하다. 심지어 수강신청을 대신하는 부모도 있다고 한다. 우리 아이는 너무 바빠서 수강신청 할 시간이 없다며, 자녀의 매니저를 자처하는 부모도 많단다.

군입대하는 학생이 휴학계도 안 내고 그냥 입대를 해서 부모가 대신 휴학 절차를 밟는 사례도 있단다. 한번은, 수업에 자주 지각하는 학생을 교수가 내쫓았는데, 이를 안 학부모가 학교로부터 부당한 대우를 받았다며 학교를 뒤집어놓은 사례도 있다는 것이다. 특별한 사정이 있었다면 또 모를까, 그저 늦잠을 자거나 꾸물거려 지각을 했고 그로 인해 같이 수업을 듣는 학생들과 교수에게 피해를 끼쳤다면 학생이 먼저 사죄를 하고 다음부터 안 늦는 성의를 보이면 해결될 일이었다. 그러나 그 학생은 과정은 무시하고 교수가 내쫓았다는 결론에만 집착해서 엄마 아빠에게 달려가 불만을 토로했던 것이다. 그 부모는 다 큰 대학생 아들을 위하는 행동인지 망치는 행동인지 분별이 안 되었을까?

이처럼 아무리 다 큰 대학생 자녀라 해도, 부모의 과보호와 잘못된 양육 방식 속에서 자란 아이들은 어른이 되어서도 부모에게 많은 것들을 의지하게 된다.

부모가 개입하지 말아야 하는데 지나치게 개입한 사례는 이뿐만이 아니다. 자기 딸이 졸업 요건에 해당하는 한자 시험 때문에 스트레스를 많이 받으니, 한자 시험을 아예 폐지해달라고 요구하질 않나, 학생이 대학 생활 일람표에 적힌 사항을 꼼꼼히 챙기지 않아 발생한 행정적인 문제를 '공부하는 아이가 그런 것까지 어떻게 챙기느냐'며 두둔하는 부모가 있질 않나. 명문대라고 모든 아이들이 주도적으로 학교생활을 할 것이라고 여기는 것은 착각이라는 것이다. 부모의 치맛바람으로 아이가 명문대에 갈 수는 있겠지만, 진짜 어른이 되기에는 한참 부족한 것이다.

교학처 직원이 들려준 어처구니없는 이야기는 이밖에도 많다. 나이가 좀 들었다는 일부 대학원생의 경우도 크게 다르지 않다고 한다. 통장 사본을 제출하라고 했더니 통장 겉표지만 복사해 내는 경우도 있고, 지도교수가 한 학기 더 공부해서 논문을 완성하도록 권면했는데, 나중에 부모가 찾아와 똑똑한 우리 딸을 왜 조기졸업 안 시키느냐고 항의하는 사례, 등록금 미납 건으로 ATM기에서 부족한 금액을 인출해올 것을 안내하니 그동안 용돈을 항상 부모에게 받아써서 ATM기 사용법을 모른다는 경우, 학과 사무실에 와서 주민등록등본을 떼어달라고 하는 경우. 그냥 웃어넘겨야 속 편한 일들이 많다고 한다. 학과 사무실에서 요구하는 자료를 기한 내에 제출하지 않는 경우는 다반사며, 나중에 문제가 생기면 부모나 지도교수가 당연히 해결해 주리라 믿는다고 한다. 또한 그 기대가 무너지고 책임이 자신에게 돌아오게 되면 학장을 찾아가 지도교수가 해결해 주지 않아 일을 그르쳤다고 항의(?)까지 한다고 하니, 정말 심각한 문제임이 틀림없다. 분명한 건 이런 학생들이 문제라고 말하기 전에, 과잉보호, 과잉참견, 과잉두둔하는 부모가 더 큰 문제라는 것이다.

부모의 넘치는 사랑(?)은 자녀가 회사에 취직해서도 이어진다. 상사에게 혼이 난 아들의 엄마가 회사로 쫓아와 항의를 한다. 앞으로 그 아들은 그 어디에서도 회사 생활을 잘 해낼 수 없을 것이다. 상사인들 그 직원이 믿음직스러울 리 없으며, 동료직원들은 그 직원을 무슨 일이 생기면 엄마나 부르는 철없는 동료라고 멀리하게 될 것이다. 자녀가 직접 해결해야 할 문제들을 이렇게 쫓아다니면서 해결해 주는 것은 부모 스스로 자녀의 팔다리를 묶어 놓는 것과 같다. 죽이 되든 밥이 되든 스스로 해결하도록 기다려 줘야 시행착오를 통해 세상과 삶을 배울 수 있는 것 아닌가? 경험을 통한 교육이 최고라 하지 않는가?

누군가 이런 말을 했다.

들려주면 잊을 것이고,

보여주면 기억할 것이지만

경험하게 하면 이해할 것이다.

Tell me, I will forget.

Show me, I may remember.

Involve me, I will understand.

　이 말은 경험의 중요성을 강조하고 있다. 말로만 전달하는 주입식 교육보다 학생들이 직접 활동에 참여하고 경험할 때 교육 효과는 더욱 커진다. 이것은 자녀를 양육할 때도 적용되는 말이다. 소중한 자녀에게 다양한 삶을 경험시켜주는 것이 부모가 줄 수 있는 최고의 선물 아닌가? 다양한 경험은 아이의 뿌리를 깊고 튼튼하게 할 것이다. 비바람에도 끄떡없이 견딜 수 있는 힘을 가져다 줄 것이다.

　나는 부모로서, 교사로서 아이의 자율성과 자기 결정권을 빼앗고 있지 않은지 돌아봐야 할 것이다. 요즘 부모는 아이들에게 평생 내비게이션 같은 존재다. 내비게이션에 익숙한 운전자들이 내비게이션 없이는 길을 헤매는 것처럼, 자녀 또한 부모가 없으면 길을 잃을 정도로 부모 의존도가 심해지고 있다. 돌아갈지라도 부모 없이 길을 찾을 수 있는 아이로 키워야 하지 않겠는가.

　늘 엄마의 코치만 받고 자란 아들이 신혼여행을 갔다. 엄마의 코치대로 움직여 실패해 본 일이 없는 아들은 엄마 말을 따르는 것이 곧 성공의 길이라는 신념까지 생겼다. 엄마 또한 그런 교육 철학을 자부하고 있었다. 그런데 첫날밤에 아들이 엄마에게 전화를 걸었다.

– 엄마! 신부 오른쪽에서 자야 돼? 왼쪽에서 자야 돼?

순간, 엄마는 헉했다. 아들이 이 정도일 거라 생각하지 못했던 것이다.

당황한 엄마는 '인마, 포개져서 자!' 이렇게 말하고 전화를 끊었다는 우스갯소리도 있는데, 웃을 수만은 없는 일이다. 대한민국 엄마들은 서둘러 제자리를 찾아야 한다.

오바마 대통령은 한국 부모의 교육 열정을 본받자고 미국 부모들에게 강조했다는데 부끄러운 일이다. 자녀의 자율성을 박탈하는 잘못된 교육열은 절대로 본받지 말아야 한다. 물론 대한민국의 모든 부모가 그러한 것은 아니다. 다만 당부하고 싶다. 아이의 자율성과 독립성을 존중할 때 아이가 더 크게 성장할 수 있다는 것을 말이다.

착한 아이 콤플렉스

'착하다'는 말은 칭찬이 아니라 굴레며 구속이다.

아이들을 칭찬할 때 '우리 아이는 참 착해, 엄마 말을 참 잘 들어. 세상에 이런 아들 없을 거야. 난 복 받은 엄마야.' 이런 말을 무심코 한 적이 있는가. 아이에게 직접적으로 칭찬을 하든, 다른 사람에게 칭찬하는 말을 아이가 중간에서 듣게 되든 이런 식의 칭찬은 바람직하지 않다. '착하다'는 말은 칭찬이 아니라 굴레며 구속이다.

'착함'의 기준은 어디에서 오는가. 이런 경우 대부분 엄마의 잣대에 기인한다. 엄마 말을 잘 들으면 착한 아이, 안 들으면 나쁜 아이가 되는 이 단순한 잣대가 결국 아이를 수렁에 빠뜨릴 수 있다. 과연 그러한가. 엄마 말을 잘 들으면 착한 아이인가. '말 잘 듣는 착한 아이'라는 칭찬은 아이의 능동성을 박탈하는 말이다. 부모의 칭찬이 '착하다'라는 것에 초점 맞춰져 있으면, 아이는 부모로부터 칭찬, 아니 '착하다'라는 말을 듣기 위해 노력하기 시작한다. 때로는 하기 싫은 일, 더러 짜증도 부리고, 하기 싫다고 떼쓸 수 있는 일도 '착하기' 위해 참아낸다. 아이들은 자신이 착한 것을 부모가 칭찬하기에, 마치 착하기만 하면 어디서든 인정받는 사람이 될 수 있을 거라 순순히 믿어버린다. 동시에 어른의 반열에 순조롭게 동승하기 위해서 가장 필요한 덕목은 '착한 것'이라고 은연중에 믿게 된다. 결국 외부의 평가에 의해 마음을 바꾸는 수동성만 기르는 셈이다.

한번 생각해보자. 과연 착한 사람이 사회에서 성공하는가. 아이가 실속 없이 착하기만한 사람으로 자라길 원하는가. 그렇지 않을 것이다. 부모 기준에서 착한 것일 뿐, 부모 말을 순순히 잘 따르는 것이 사회에 나가 유능한 사람으로 인정받는 척도는 될 수 없다.

가슴 아픈 현실은 아동 범죄를 일으키는 어른들이 피해 아동들에게 가장 많이 하는 말이 바로 '착하지'라는 것이다. 다시 말하면, '착하다'는 말이 아이들에게 접근하기에도 용이한 말이며, 아이들을 안심시키는 데도 용이하다는 것이다. '착하다'는 칭찬에 학습된 아이는 '착하다'는 말에 복종하려는 성향을 보이기도 한다. 어른들의 기준에 맞는 착한 아이가 되고 싶은 아이의 순수한 바람이 악용되어서도 안 되겠지만, 그 정도로 '착하다'는 칭찬은 어른들이 아이들에게 잘못 쓰고 있는 칭찬 중 하나다.

부모나 교사가 기대하는 기준에 맞았을 때, 습관적으로 아이에게 '착하다'고 칭찬하고 있지는 않는가. 그것은 잘못된 칭찬이다. 사회적으로도 윤리 도덕적으로도 착하지 않는데, '착하다'고 칭찬하는 것은 제대로 칭찬할 줄 모르는 부모가 자식이 아닌 자신을 위해 선택하는 가장 손쉬운 칭찬법일 뿐이다. '착하다'는 칭찬을 쓰지 말라는 것이 아니다. 다만 적절할 때 써야 제대로 된 칭찬이 된다는 것이다.

가령, 아이가 다리 아픈 친구를 부축해서 등교를 도왔다고 하자. 그럴 때 교사나 부모는 이렇게 칭찬할 수 있다.

– 지각을 할 수도 있는 상황이었는데, 몸이 불편한 친구를 부축해 주었구나. 모른 척 지날 수도 있었는데, 정말 따뜻하고 착한 마음을 가졌네. 너의 행동이 자랑스럽다.

이런 경우에 '착하다'는 칭찬은 자연스럽다. 어른뿐 아니라 아이들도 많은 선택의 문제에 부딪힌다. 위의 예시처럼 등굣길인 경우, 아이는 지각을 해서 선생님께 야단맞을 수도 있는 상황이다. 그런데 다리 아픈 친구가 보인다. 아이는 '모른 척할까?', '그냥 갈까?', '부축해 줄까?' 하고 고민했을 것이다. 이런저런 고민

끝에 친구를 부축해주기로 한 아이의 선택은 칭찬받을 만한 일이다. 칭찬은 결과가 아니라 과정에 초점을 맞춰야 하기 때문이다. 다른 선택을 했을 수도 있다는 가능성을 열어주고, 그럼에도 친구를 돕기로 한 아이의 선택을 칭찬해야 한다. 이런 선택을 했던 아이라도 나중에 비슷한 상황에 직면했을 때, 모른 척 지나쳐야만 하는 순간도 있을 것이다. 따라서 다른 선택의 가능성을 열어주는 칭찬법은 꼭 다음에도 그와 같은 선택을 해야만 한다는 것을 강요하지 않는다. 아이는 어떤 상황에서 어떤 선택이 최선인지를 스스로 결정하는 힘을 기른다. 강요에 의한 선택이 아니라 자기 판단으로 결정한 선택에 대해서 책임감의 크기도 다르기 때문에 이런 칭찬법은 아이에게 큰 도움이 된다.

우리의 경험으로 보건대, 태도가 착해진다고 어디 속까지 착해지던가. 속으로는 화가 쌓이고 스트레스를 받으면서도 겉으로는 남에게 착하게 대하는 일. 그것이 불러오는 결과는 양쪽을 힘들게 한다.

예를 들어, 엄마가 사람을 많이 상대하는 텔레마케터라고 가정하자. '손님은 왕이다'라는 슬로건 아래 엄마는 고객들이 토로하는 불만과 화를 감내하며 일한다. 그리고 집으로 돌아오면 엄마를 보고 반가워하는 아이들을 마주한다.

아이들은 학교에서 겪었던 일들을 종알종알 풀어놓는다. 엄마는 더이상 말하거나 듣고 싶지 않다. 말소리만 들어도 머리가 지끈지끈 아플 지경이다. 엄마는 '누가 쌍욕을 하든 무조건 착해야' 하는 일을 하고 왔는데, 남편은 밥부터 차려달라고 성화다. 엄마는 슬슬 속에서 불이 난다. 이때 남편이 '국이라도 좀 끓여줘라'라고 말하는 순간, 집은 그야말로 초토화된다. 괜히 텔레비전 보고 있는 아이들에게 1차 폭탄을 투하하기 시작한다.

－ 들어가 공부 안 해!

만약 자녀가 가방을 아무 데나 던져두었다면 큰일이다. 2차 폭탄 투하.

－ 가방 이따구로 놓을래!

3차 폭탄은 여기저기서 터진다.

－ 엄마 없으면 니들은 아무것도 못해? 티브이나 보다가 인생 망칠래! 학교는 도대체 왜 다니는 거야! 티브이 보고 싶으면 집에 틀어박혀 티브이나 봐! 학원은 뭐하러 다녀! 엄마가 니들 학원 보내려고 뼈 빠지게 고생하는데 이게 뭐하는 짓이야!

1절만 하면 다행이지만, 어디 그럴 수 있겠는가.

위 예시는 남에게 착하게 대하는 일이 얼마나 속을 병들게 하는지를 보여주기 위함이지만, 다른 방향에서도 해석이 가능하다. 착해야 한다는 학습이 깨어지는 때는 바로 엄마 아빠가 되어서다. 이건 참 이상한 일인데, 남에게는 여전히 착한 속성을 유지하면서도 내 아이에게는 그것을 유지하기가 어려워지는 현상이 부모가 된 후에 발생한다. 이유야 복합적이겠지만, 아무래도 아이를 소유물로 생각하는 정서가 있기 때문이 아니겠는가!

위의 예시를 직업인으로서 그럴 수밖에 없는 것 아니냐고 반문한다면, 일상적으로도 그런 예는 충분히 찾을 수 있다. 잘못된 칭찬 아래 아이들이 착한 아이가 되기 위해 얼마나 노력하는지, 속으로는 어떤 스트레스를 받고 있는지 알 필요가 있다. 어른이 되어서도 '착한 아이 콤플렉스'에 시달리는 예를 들어보고자 한다.

남편은 어릴 때부터 동네나 학교에서 모범생으로 소문났었다. 결혼 전엔 나도 남편의 그런 점이 마음에 들었다. 진지하고 성실한 생활 자세에 높은 점수를 주었다. 좋은 선배를 만났다고 안심을 했다. 그리고 결혼까지 했다. 요즘 젊은이들이 결혼 조건으로 내세우는 우선순위와 70년대의 우선순위는 이렇게 달랐다. 다른 사람에게 어떻게 인정받느냐가 중요한 요소였고 그 인정의 기준

은 근면성실함이었다. 물론 지금도 남편을 만난 것을 근본적으로
는 여전히 감사하며 살고 있다.

늘 진지하고 성실하고 바른 남편이 스스로도 그런 삶에 만족을
느끼며 사는 줄 알았는데, 어느 날 내게 이런 고백을 했다.

- 나도 말썽도 좀 부리고 남들 하는 것 다하면서 자유롭게 지내
  고 싶었어. 그런데 동네 사람들이 '저 ○○ 좀 닮아라.', 학교에
  서도 집에서도 '○○는 모범생이야.'라는 칭찬을 하도 많이 하
  는 바람에 나는 늘 착해야 했지. 칭찬은 늘 혹처럼 달려 있었어.
  그런 말을 많이 들었기 때문에 나는 함부로 행동할 수 없었고,
  그런 동네 어른들의 기대에 반하지 않기 위해 늘 조심스럽게 행
  동해야 했었지.

남편은 또래의 아이들처럼 유행하는 것들을 해보고 싶었다고
한다. 정신없이 살 때는 몰랐는데 나이가 들어가면서부터는 어릴
적 동무와 허물없이 즐겁게 지낸 추억 한 점이 없다는 게 좀 허전
한 마음이 들 때가 있었다고 한다. 누구보다 열심히 자신을 위해
산 것 같지만, 돌아보면 남이 자신을 보는 시선에 매여서 많은 것
들을 놓치고 산 건 아니었나 하는 쓸쓸함이 든다고도 한다.

남편의 모범생 기질은 살아오는 동안 본인과 가족에게 많은 도
움이 되었지만, 마음속에 담아두었던 그 이야기를 들은 이후부터

는 내 생각도 많이 달라졌다. 그리고 '모범생은 외롭다, 그리고 착하다는 말로 아이들을 구속하지 말아야 한다.'는 생각을 하게 되었다. 착한 아이 증후군과 남편이 오버랩 되면서 왜 그렇게 청소년기 아들들을 불편하게 바라봤는지를 이해하게 되었다.

두 아들이 사춘기를 거칠 때 아이들보다 힘들어했던 사람은 남편이었다. 남편이 성장할 때와는 전혀 다르게 자라는 아이들이 이해되기도, 용납되기도 어려웠던 것이다. 남편이 어릴 때는 해선 안 되던 행동이 아이들에게는 너무나 자연스러운 행동이었으니 말이다. 그렇게 제약이나 구속 없는 자유로운 아이들이 남편에게는 왠지 어긋나고만 있는 것 같아 불안스러웠던 것이다. 그래서 남편은 사사건건 아이들의 행동을 간섭하느라 많은 스트레스를 받았다. 그리고 자기 말을 따르지 않는 아이들 때문에 마음이 많이 불편했다.

우리는 그때나 지금이나 주말 부부지만, 당시 남편은 이런 상황 때문에 더 힘들어했던 것 같다. 두 아이는 주중에 아버지가 오기를 은근히 기다리는 눈치였다. 그런데 주말에 아버지를 만나면 그때마다 사랑 대신 꾸중을 받으니 아이들도 아빠 때문에 스트레스를 많이 받았다. 그러면서 아이들과 남편 사이의 갈등이 커져 갔다. 오죽하면 둘째 아이는 아빠가 주말에 오지 않았으면 좋겠다는 말까지 했었을까!

이처럼, 남편의 사고방식과 아이들의 생활습관이 부딪히고 갈등하던 시기는 바로 아이들의 사춘기 그즈음이었다. 어느 가정이나 부모 세대와 아이들 세대가 충돌하게 되는 지점이 바로 사춘기다. 그 어느 때보다 이때, 부모와 아이들은 강하게 부딪힌다. 부모는 자신들이 성장할 때 겪었던 경험과 기준으로 자녀를 대하기 때문이다. 부모가 아무리 자기 경험을 바탕으로 좋게 타일러도 아이들이 느끼기에는 간섭에 지나지 않는다.

남편은 자유분방한 청소년기 자녀들을 이해하기 힘들었다. 하지 말라는 말로 자녀들의 자유 본능을 무시했다. 그러니 아이들은 거부감을 가질 수밖에. 평생, 착한 아이로 살아 온 남편은 지금도 자기의견보다 어머님의 의견이 먼저다. 그런 자신에 비해 자기의견을 분명히 내세우는 아들들이 섭섭할 때가 있을 것이다.

남편을 탓하고자 함이 아니다. 이것을 계기로 우리는 성숙한 부모로 거듭나야 했다. 아이들도 부모와 세대적 갈등을 겪으며 세상에는 나와 다르게 생각하는 사람이 많다는 것을 깨닫는다. 다른 사람을 배척하기보다 이해하는 방법을 배웠을 것이다.

한번은 둘째 아이가 자기 방에 숨겨 놓고 읽던『슬램덩크』만화책을 주말에 올라온 남편에게 들켰다. 화가 난 남편은 스무 권쯤 되는 만화책을 아이와 의논도 없이 쓰레기통에 던져버렸다. 그날 야속하게도 비가 내렸고 아이의 만화책은 흠뻑 젖었다. 물론 나도 별로 만화책을 좋아하지는 않는다. 그렇지만 아이가『슬램덩크』에 빠져 있는 사실을 알고 있었고 도대체 얼마나 재미있기에 그럴까를 생각하며 아이와 대화할 기회를 엿보고 있었다. 어떻게 말하면 만화책을 자제하도록 만들까 고민하던 찰나에 그런 일이 벌어진 것이다.

당시 남편과 아들들의 갈등을 곁에서 지켜보는 나도 속상하긴 마찬가지였다. 제자들에겐 존경 받는 남편이 자식들의 생각을 무시하고 함부로 대하는 것도 안타까웠다. 그런 아버지를 이해 못하는 아들들도 안타까웠다. 청소년기 자녀 양육 방식에 있어 남편과 자주 충돌하는 것도 버거웠다. 모범생이었던 남편과 자유분방한 요즘의 청소년들이 이렇게 부딪히는 사례는 아마 어느 가정에서나 흔히 겪을 수 있는 일이라고 생각한다.

그래서 난 기회가 생기는 대로 부모들에게 당부한다. '착하다, 모범적이다.'는 말로 자녀를 구속하지 말라고 강조한다. 도덕적인 기준에서 크게 벗어나지 않도록 큰 한계만 정해주고 자율성을 주어야 한다. 그래야 마음껏 욕구를 충족시키면서 심신이 건강한 아이로 자랄 수 있다. 부모나 교사는 그런 역할을 해야 한다는 것이 나의 신념이다. 부모 교육에 관심을 갖게 되고, 그 이후로 계속 공부하게 되었던 계기는 이렇게 우리 가족도 생활 스트레스에서 멀리 떨어져있지 않다고 생각했기 때문이다.

돌아보면 그 시기를 잘 넘겼다는 안도감이 든다. 지금은 부자 관계도 좋아진 것이 참으로 다행이고 감사한 일이다. 그동안 우리 부부는 청소년 자녀를 이해하기 위해 많은 책을 읽고 강의도 들으면서 이해의 폭을 넓히려고 애썼다. 그러나 '더 일찍 준비했더라면 청소년기에 부모와 자녀 관계의 갈등을 좀 더 줄일 수 있었을 텐데.' 하는 아쉬운 마음이 든다. 갈등을 서로 성숙해지는 기회로 삼았으니 더 이상 후회할 필요는 없다. 지나고 나면 그런 추억은 언제나 아름다움으로 남는다.

서로 다름을 이해하고 상대방을 존중하면서 조화로운 분위기를 유지하기 위해서는 남다른 노력이 필요하다. 어떤 상황이든지 상대방에 대한 긍정적인 기대가 바탕이 된다면 서로가 성숙해질 수 있는 좋은 기회가 될 것이다.

***

어느 부모인들 자식 잘되기를 바라지 않겠는가? 마음은 잘되기를 바라서 하는 말이지만 자녀 입장에서는 감당하기 어려운 말을 쏟아내는 부모들이 있다. 그 압박감에 시달리다 못해 돌아올 수 없는 길을 선택하는 자녀들도 있다. 눈앞에서 자라는 자녀들이 있다는 것! 그 자체만으로도 감사하며 살아야 한다.

부모가 되는 것은 축복이다. 부모는 아무나 될 수 없다. 자녀를 낳기 위해 갖은 노력을 다해도 임신이 안 되는 경우도 있고, 조부모가 되어보는 것이 소원이지만 고학력 엘리트 며느리가 임신을 안 하는 조건으로 아들과 결혼한 이야기를 뒤늦게 알고서 땅을 치는 경우도 있다. 여기서 말하기도 지극히 죄송스럽지만 차디찬 진도 앞바다에서 생떼 같은 자식을 잃고 평생을 가슴에 묻은 자식으로 인해 아프게 살아야 하는 부모들은 어쩌란 말인가! 팽목항의 슬픔을 무엇으로 보상할 수 있단 말인가! 그분들이 어떤 원망을 하더라도 자식을 잃은 슬픔에 비하면 아무 것도 아니다. 자식은 그저 살아있는 것 자체만으로 더 이상 욕심을 내어서는 안 된다. 부모에게 그럴 권리는 없다. 자상하게 돌봐주면서 그 아이에게 잠재되어 있는 특별함이 꽃피어나도록 기대하고 기도하며 기다리는 것이 부모가 할 일이다. 이제 우리 부모는 자녀들에게 오히려 감사하며 경건하게 살아가야 함이 더욱 절실해지는 이즈음이다.

일이 벌어진 다음에, '다 너 잘되라고 하는 소리였는데, 너를 사랑하기 때문이었는데.' 이런 말로 부모 스스로를 정당화시켜서는 안 된다. 사랑하는 마음을 표현하는 방식을 배우지 않으면 부모나 교사는 '유력한 용의자'에서 자유롭기 힘들다. 아이에게 못마땅한 행동이 보일 때 자신이 옳다고 생각하는 방향대로 끌어오려고 하지 말자. 그런 행동을 하게 된 원인이 부모나 교사에게 있지는 않았을까를 생각해보자. 잊지 말자. 아이들 문제에 있어서 부모나 부모나 교사는 언제나 '유력한 용의자'라는 것을.

4 화를 현명하게 다스리는 방법

공감의 힘

스트레스를 주었던 녀석들 이야기를 하며 모인 교사들이 즐거워하는 이유는 무엇일까? 서로 처음 만나는 사람들인데도 그들을 웃게 하는 저 힘은 무엇일까? 그건 바로 공감의 힘이 아닐까?

'아이들 다루기가 점점 힘들다.'는 하소연은 어느 시대를 막론하고 나타나고 있는 말이다. 여기서 우리는 '다룬다'는 말과 '힘들다'는 말에 주목할 필요가 있다. 다루려니까 힘이 드는 것이다.

아이들은 태어나서 3년 안에 평생 효도할 분량의 90%를 다한다는 말이 있다. 귀한 생명의 탄생 이후 하루가 다르게 변화하는 아기의 성장을 온 식구가 기뻐할 수 있는 기간이 3년 정도라는 말이다. 부모에게 있어 자녀는 그 존재 자체만으로도 기쁨이고 축복이다. 빨갛고 조막만한 아기가 쌔근쌔근 잠자는 모습도, '응가' 하는 모습도 그저 예쁘기만 했다. 처음으로 배밀이를 하다가 기어 다니는 모습을 볼 때의 기쁨! 비척비척 흔들흔들 첫걸음 뗄 무렵의 모습! 아기가 처음 '엄마'라고 했을 때의 감격! 차츰 말이 늘어가면서 아기가 자기 의사표현을 하기 시작할 때 가족들의 과

장된 반응! 이 모든 것들이 인생의 전율이고 비할 데 없는 큰 기쁨이었다. 세상에 아기만큼 순수한 기쁨을 주는 존재가 어디 있으랴!

그런데 그 3년이 지나고 나면 어떻게 될까? 아이들의 자아가 형성되기 시작하고 자기 마음대로 하고 싶은 성향이 나타난다. 어른 입장에서 볼 때 고집부리고 말썽 피우기 시작하는 나이인 것이다. 미국에선 그 나이를 '끔찍한 세 살(terrible age)'로 표현하기도 한다. 그렇게 예쁘기만 했던 아이들이 점점 자라면서 속을 썩이기 시작하면 부모들은 당황한다. '내 아이가 아닌 것 같다, 친구를 잘못 만나 변했다.'라는 말로 위안하는 때가 오기도 한다. 하지만 앞서 말했듯 이런 아이들의 변화에 화로 맞대응하면 오히려 부작용이 나타난다. 성장과정을 잘 밟고 있는 현상이자 자연스러운 과정이므로 이때부터 부모가 지혜롭게 대처할 필요가 있다. 그러려면 책도 많이 읽고 부모역할 교육에 대해서도 관심을 갖고 배워야 한다.

지혜는 거저 오지 않는다. 깊이 생각할 때 지혜가 떠오른다. '듣기는 속히 하고 말하기는 더디 하라'는 권면은 매우 의미심장한 말이다. 귀가 두 개이고 입이 한 개인 것과도 같은 맥이다. 아이의 말을 듣자마자 너무 입이 빨라서 감정대로 말하면 자녀에게 상처를 주기 쉽다. 아이는 하소연을 했는데 부모는 되받아쳐서 아이를 당황하게 만든다. 갈 곳 없는 아이의 마음은 방황하다가 뿔이 나서 점점 공격적이 된다.

학교 폭력 문제도 이렇게 받아주지 않았던 어른들의 무심함에 상처받은 마음이 쌓여서 생기는 것이다.

'고집스럽다, 폭력적이다. 반항적이다.' 이런 말들은 어른들이 일방적으로 만들어낸 말이다. 아이들은 그저 자연스럽게 자기를 표현할 뿐인데 어른들이 자기들 기준에서 판단하고 평가하는 말이다.

생각해보라. 과거 세대에도 분명 말 잘 듣는 아이와 말 안 듣는 아이가 있었다. '조신한 아이'와 소위 '되바라진' 아이가 있었다. 정도의 차이는 있겠지만 세대 갈등의 역사는 언제나 존재했다. 앞으로도 계속 존재할 것이다. 모든 인간의 내면엔 그만의 욕구가 있고 사회적으로 용인되는 당위적인 요구가 있어서 그 둘은 언제나 충돌하기 마련이다. 이 둘 즉, 당위성과 욕구는 모든 인문학의 주제이기도 하며 그 표현의 정도로 종교에서 예술까지 스펙트럼을 형성한다. 그 양극단은 이성과 감성이다.

교육현장에서 겪는 어려움도 결국 그 둘의 조화가 잘 되느냐, 안 되느냐의 문제다.

아이들을 대하는 교사들은 그 정도의 차를 몸으로 더 실감한다. 요즘 현장의 교사들이 하나같이 하는 말이 있다. 해가 바뀔수록 아이들의 변화가 심해 적응하기 어렵다는 것이다. 이런 반응은 신규 교사든 경력이 오래된 교사든 한결같다. 그렇다면 한 학년만 차이가 나도 세대 차이를 겪는다는 요즘 아이들의 양상을 어떻게 이해할 수 있을까.

수많은 변화와 연동되어 나타나는 현상이겠지만, SNS와 같은 인터넷 환경의 발달로 나라와 나라 간, 도시와 지역 간의 경계가 허물어진 것을 그 원인 중 하나로 들 수 있겠다. 경계가 허물어진다는 것은 서로를 이해하는 폭이 넓어짐과 동시에 서로 부딪히는 환경이 늘어나는 것이다. 이해가 생김과 동시에 갈등이 생겨나는 아이러니한 환경인 것이다. 얼굴을 마주하지 않는 소통 방식은 오히려 이해보다 갈등을 더 가중시키기도 한다. 앞서 아파트라는 수직생활 방식이 가져다주는 폐해와도 그 맥을 같이 한다. 시시각각 자신의 의견을 어필할 수 있는 환경을 잘 이용한다면 모두에게 유익한 형태로 발전한다. 그러나 아직 미성숙한 사람들은 오히려 그런 환경을 기분에 따라 잘못 활용하기도 한다.

단편적인 부분만을 살펴본 것이지만, 이런 이유로 우리의 인내심이 엷어지고 있는 현실이다. 이는 아이들도 마찬가지일 것이다.

따라서 아이들을 매일 직접 대면해야 하는 교사의 스트레스는 극심해질 수밖에 없다. 교사들을 상대로 생활지도 관련 강의를 하다 보면 아이러니가 느껴질 때가 있다. 그룹별로 모여 사례를 나누도록 하면 거의 모든 그룹에서 깔깔거리는 소리가 들린다. 스트레스를 주었던 녀석들 이야기를 하며 모인 교사들이 즐거워하는 이유는 무엇일까? 서로 처음 만나는 사람들인데도 그들을 웃게 하는 저 힘은 무엇일까? 그건 바로 공감의 힘이 아닐까?

그동안 힘든 일을 푸념할 여유마저 없는 팍팍한 현실에서 얼굴엔 기쁨이 사라진 교사들이다. 누군가에게 말하고 싶어도 교사이기에 조심스러웠을 것이다. 그런 무거운 가슴을 안고 연수에 왔는데 그 무거움을 풀어놓을 분위기가 조성된 것이다. 들어보니 나만의 문제는 아니었다. 처음 만난 교사인데 그동안에 쌓였던 고민은 비슷했다. 학교, 학생 눈치 안 보고 마음껏 이야기할 수 있는 안전한 기회, 서로에게 공감하고 서로를 이해할 수 있는 기회가 이들에게 찾아온 것이다. 그러니 마치 오랜 친구를 만난 듯 동질감을 느끼며 급 친밀해지지 않겠는가!

이렇게 교사는 다른 사람에게 피해가 되지 않는 선에서 교사 자신의 화를 해소할 환경을 만들어야 한다. 부모에게 화가 쌓이면 자녀에게 피해가 가듯, 교사에게 쌓이는 스트레스는 적절히 해소하지 않으면 교실이 어두워진다. 그렇다고 오해하진 말라. 교사가 화가 쌓인다고 아이들에게 화를 낸다는 이야기가 아니다. 아무래도 교사에게 스트레스가 쌓이게 되면 그만큼 밝은 교육에 지장을 줄 수도 있기 때문에 하는 말이다.

그러므로 교사가 받는 스트레스를 무시하고 아이만을 위하는 학교 환경을 만드는 것은 바람직한 방향은 아니라는 것이다. 교사는 기본적으로 아이들을 사랑하는 마음을 덕목으로 갖춰야 한다. 하지만 학생만을 배려하는 학교가 된다면 교사들의 마음이 짓밟힐 수 있다. 모든 것이 조화로운 상태로 학교 환경이 조성되어야 할 것이다.

그날 교사들과 대화를 하며 교육의 미래가 참 밝고 건강하다는 것을 느꼈다. 깔깔거리던 그 분위기 속에선 아이들에 대한 험담이 아니라 애정으로, 아이들에 관한 기대의 이야기를 서로 나누고 있었던 것이다.

또 교사들은 '문제아는 없다. 문제 부모와 문제 교사가 있을 뿐'이라며 아이들의 문제 행동을 자신들의 부족함으로 돌리고 있었다. 어떻게 하면 어른들이 아이들을 상처받지 않게 자라게 할 수 있는지, 아이들을 진심으로 이해할 수 있는지를 고민하는 교사들의 모습에 적잖이 감동을 받았다.

그렇다! 문제아는 없다. 문제 어른이 있을 뿐이다. 어른들의 속도를 맞추느라 아이들이 병들었던 것이다. 참을성 없는 아이들이 있기 전에 참을성 없는 어른들이 있지는 않았는지 돌아봐야 할 것이다.

부정적 피드백의 부작용

아이가 자주 지적을 받으면서 자라면 부정적인 자아개념을 형성하기 쉽다.

아이들은 일단 하고 싶은 일을 하고 보는 특성을 가졌다. 아이들이 규칙을 몰라서 어기는 경우는 흔치 않다. 아이들의 특성상 내부에서 일어나는 충동적인 욕구를 조절하는 것이 쉽지 않다. 어른들이라고 법대로만 살 수 있는가. 급할 때는 무단횡단도 하고 노상방뇨도 하지 않던가. 아이들의 잘못이 특히 어른들에게 두드러져 보이는 것은 이런 것들을 바라보고 진단하는 사람이 어른이기 때문이다. 어른의 기준에서 아이들이 일탈하면 어른들은 아이들을 '문제'라고 인식한다. 사실 아이들끼리는 어떤 친구가 어떤 잘못을 저질렀는지 잘 모른다. 또 스스로도 어떤 잘못을 저질렀는지 모르는 경우가 많다. 그래서 자신의 행동을 지적하는 교사나 부모와 갈등을 일으킬 수밖에 없다. '다시는 안 그러겠다'는 다짐은 '안심시키는 용'인 경우가 많다.

여기서 교사나 부모는 주의를 기울여야 한다. 아이가 자주 지적을 받으면서 자라면 부정적인 자아개념을 형성하기 쉽다. 아무런 문제가 없는 사람도 문제 있다는 말을 반복해서 듣게 되면 정말 문제가 있는 것으로 착각하게 된다.

아이들은 어른들에 비해 맥락을 이해하는 능력이 떨어진다. 그런 상태에서 부정적인 피드백을 수차례 받다 보면 여러 가지 부작용이 발생한다. 그중 몇 가지만 살펴보자.

첫째, 부정적 자아개념이 형성된다.

잘못한 일에 대해 자주 꾸중을 듣다 보면 '난 뭘 못하는 아이', '난 부모님 속만 썩이는 아이', '난 우리 반에서 말썽만 부리는 아이' 등등 자신에 대해 부정적인 생각을 하게 된다. 이것이 거듭되다 보면 부정적인 자아개념이 형성될 수 있다. 부모나 교사는 오로지 바르게 자라게 하려고 지도했을 뿐이다. 하지만 아이의 특성을 고려하지 않은 그 방법은 문제가 있다. 오히려 아이로 하여금 부정적 자아를 형성하게 하는 것이다. 특히 교사와 부모에 대한 불신이라는 문제를 낳는다.

즉, 부모나 교사는 '다 너를 위해서야', '너를 사랑해서 그런 거야'라는 말과 생각으로 꾸중이나 훈육의 이유를 설명하지만, 역으로 아이는 '엄마는 날 사랑하지 않아', '선생님은 나를 미워해'라고 인식하게 된다.

둘째, 꾸중하는 사람과의 관계가 나빠질 수 있다.

사람은 자기를 좋게 보는 사람에게 끌릴 수밖에 없다. 아무리 자기에게 도움이 되는 이야기일지라도 꾸중을 듣거나 혼내는 말은 듣기 싫다. 듣기 싫어하는 말을 자주 하는 사람은 될 수 있으면 만나기를 꺼려한다. 어른의 보호 아래 있을 때는 그냥 참고 듣는다. 그러나 조금만 크면 싫어하는 사람은 피하려고 한다. 그러므로 꾸중하는 사람과의 관계는 당연히 안 좋아질 수밖에 없다.

셋째, 이중적인 행동을 하게 된다.

훈계를 하는 사람의 말을 흘려듣게 된다. 딴생각을 하면서, 한 귀로 듣고 한 귀로 흘려보내는데, 이런 경우 훈계의 상황을 모면코자, 앞에서는 '예', 뒤에서는 '나 몰라라' 하거나 험담을 하는 등의 이중적 행동을 보일 수 있다. 이중적인 행동이 습관화되면 주변 사람들에게 신뢰를 잃게 된다. 가식적인 사람으로 낙인찍히기도 한다. 주변인들은 이중적인 행동을 보이는 사람을 인격적으로 문제 있는 사람으로 진단한다.

넷째, 변명하는 기술이 발달한다.

이런 현상은 고학년 아이들에게서 자주 볼 수 있는 특징이다. 교사가 학생을 훈계할 때 상당수 아이들이 듣는 척만 하는 경우가 많다. 훈계 받는 아이와 복도에서 그 아이를 기다리고 있는 아이 사이에 암묵적 싸인이 오간다. 훈계 받는 아이는 머리를 굴리기 시작한다. 영악한 아이는 교사의 잔소리에서 벗어나기 위해 거짓말을 둘러댄다.

이때 교사는 아이의 거짓말을 모르는 척해야 할지, 다 알고 있다는 확인으로 뜨끔하게 해야 할지 판단을 잘 해야 한다. 듣지도 않는 아이에게 계속 말을 하는 것은 의미 없는 일이다. 그런 아이에게는 교사도 다른 전략이 필요하다. 당장의 위기를 모면하기 위해 반복해서 변명하다 보면 변명이 습관이 될 수 있다. 변명하는 사람이 어찌 사회에서 성공할 수 있겠는가.

백창우의 노래는 의미가 깊다.

〈문제아〉

눈을 흘겨도 문제아, 욕을 해도 문제아

장난을 쳐도 문제아, 싸움을 해도 문제아

문제아가 되는 건 쉽지만, 보통아이가 되는 건 어려워

지각을 해도 문제아, 결석을 해도 문제아

숙제를 안 해와도 문제아, 시험을 못 쳐도 문제아

아이들의 심리세계를 잘 묘사한 노래라서 들을 때마다 생각하게 하는 노랫말이다.

욕구를 먼저 인정하는 대화

스위치 대화를 하려면 그 행동의 이면을 볼 줄 알아야 한다.

이러한 부작용을 줄이기 위해선 '스위치 대화'가 필요하다. 스위치 대화는 대화 순서를 교환 또는 전환해 보는 대화법이다. 즉, 순서를 바꾸는 것이다. 무엇을? 욕구와 당위성을 바꾸고 감정과 이성을 바꾸는 것이다.

아이가 잘못을 저지를 때, 보통 무슨 말부터 하는가를 돌아보면 이해하기 쉽다. 대부분의 사람은 아이의 잘못된 행동을 먼저 지적한다. 그런데 스위치 대화는 잘못된 행동을 나중에 지적하는 것이다. 스위치 대화를 하려면 그 행동의 이면을 볼 줄 알아야 한다. 그 이면에는 반드시 아이의 욕구가 숨어있기 마련이다. 그 욕구를 먼저 인정하는 게 스위치 대화의 포인트다.

그렇게 하면 아이는 자신의 감정을 이해받는 기분이 들어 반감이 줄어든다. 그러면 부모나 교사가 아이에게 지도하려는 내용을 훨씬 수월하게 전달할 수 있다.

여기 초등학교 4학년 딸과 엄마의 대화를 보자.

- 그렇게 놀지만 말고 들어가서 공부 좀 해!
- 맨날 공부! 공부! 지겨워!

이런 대화라면 아이는 대체로 방문을 쾅 닫고 들어가 버린다. 부모는 부모로서 아이에게 할 수 있는 당연한 말을 했다고 생각한다. 엄마는 무엇이 문제인지 모른다. 딸이 예민하거나 삐뚤어졌다며 문제를 아이에게 돌려버린다. 아마 엄마가 그 말을 하기 전까지 아이는 신나게 놀았을 것이다. 꾸중하지는 않고 있었지만, 그런 딸의 모습을 보는 내내 엄마는 못마땅했을 것이다. 엄마는 이를 참다못해 딸에게 인내심을 발휘하다가, 딱 한 마디 굵고 짧게 했을 뿐이라고 생각한다. 엄마 입장에서는 방문을 쾅 닫고 들어가는 딸이 적반하장이다. 엄마는 화가 치민다.

'아니, 저 기집애가?'
'아니 저게! 내가 저를 어떻게 키웠는데!'
'겨우 4학년이 저러면? 중학교 때는……'
'자식 애지중지 키워놔도 다 소용없네.'

'그냥 두면 안 되겠다. 싹을 잘라야지.'

별별 생각으로 엄마는 혼란스럽다. 그러나 역시 '기를 꺾어야 한다'는 결론에 도달한다.

- 너 이리 와! 어디서 배운 버릇이야! 엄마가 공부하란 말 딱 한 마디 했다고 그렇게 방문을 닫고 들어가? 당장 방문 열고 나오지 못해! 지겨우면 공부하지 마! 엄마한테 하는 버릇이 그따윈데 학교는 가서 뭐해! 그런 정신 상태로 학교에서 뭘 배우겠어? 나중에 뭐 하나 잘못되면 다 엄마 탓이지? 엄마가 누구 때문에 이래? 다 너 잘되라고 그러는 거 아니야?

이런 방식의 화는 결국 역정을 넘어, 아이의 자존심을 건드리고, 그것도 모자라 비꼬기 시작한다. '내가 잘못했구나. 엄마에게 사과해야지.' 아이로부터 이런 반응을 기대하는 건 어디까지나 엄마들의 희망일 뿐이다. 듣지 않으려고 아이는 이어폰을 꽂을지도 모른다. 아이는 이미 엄마의 대화패턴이 귀에 선명하다. 아이는 엄마만큼 아니 어쩌면 더 화가 나고 자존심 상해한다.

옳은 얘기를 기분 나쁘게 할 필요가 있을까? 자녀에 대한 지나친 기대 때문에 마음이 조급해지고 때로는 거친 말까지 내뱉는다. 부드러운 모습은 온데간데없다. 그러나 시간이 지나면 자녀에게 혹시 상처를 주지 않았을까 걱정한다. 부드럽게 타이를 수도 있었는데, 굳이 그렇게까지 화를 낼 필요가 있었는지 자책한다.

화를 냈던 엄마의 마음을 한번 헤아려보자. 자식이 방문을 쾅 닫고 들어간 것이 몹시 불쾌하다. 우선 그런 불손한 태도를 용납하기 힘들다. 자식에게 이런 대접을 받는 것을 견디기 힘들다. 부모로서 권위가 무너진 것 같아 속상하다. 자식에게 영향력이 없어진 듯하다. 자식이 자기를 무시한다고 생각하니 순간적으로 나쁜 말이 나온다. 부모는 아이를, 아이는 부모를 이해하지 못해 감정의 골이 깊어진다. 이것은 브레이크 없는 자동차끼리 부딪히는 것과 같다. 멈추지 못하면 악순환은 계속 되기 마련이다.

부모가 원한 것이 과연 이런 것인가? 부모가 참지 않고 내뱉은 말은 아이의 마음을 찌르고 가슴에 상처를 남긴다. 그 상처는 왜곡된 자아 이미지를 형성하고, 결과적으로 건강하지 못한 성장기를 겪게 한다. 부모 스스로 대인관계가 원만치 못한 자녀를 양육하고 있는 것이다.

이런 악순환을 멈추기 위해서는 감정보다 이성을 앞세워야 한다. 순간적인 감정에 휘말리지 말고, 차분하게 이성적으로 문제를 해결해야 한다. 그래야 서로에게 상처를 남기지 않고 대화할 수 있다. 자세한 것은 5장에서 안내할 것이다.

당위성 강요가 화를 부른다

인생을 살아가는 데 있어, 화를 다스리는 능력은 곧 신뢰의 척도가 되기 때문이다.

언젠가 신문에 요즘 일어나는 살해 경향을 분석한 기사가 실렸다. 가족이나 친족, 이웃, 친구와 애인 같이 가까운 관계에서 살인 사건이 늘어나는 추세라고 밝히고 있었다.

갈등이 빚어낸 살해라는 주제가 매우 극단적이지만 실생활에서 벌어지는 명백한 현상이다.

조사과정에서 흘러나온 이야기다. 피의자 면담 과정에서 드러나는 정보에 의하면, 안타깝게도 어린 시절 성장 과정에서 부모로부터 깊은 상처를 받은 경우가 많다고 한다.

거듭 강조하지만 부모는 가장 유력한 용의자다.

다음 기사는 2013년 10월 6일자 '시사우리신문'에 실린 내용이다.

'2008년부터 2012년까지 지난 5년간 발생한 존속 살해 범죄는 287건으로 이는 일주일에 한 건씩 부모를 살해하는 사건이 발생하고 있는 셈이다.'

　부모를 살해한다는 것 자체가 천인공노할 일이다. 하지만 이런 비극을 예방할 수 있는 방법을 모색하는 데 더 관심을 기울여야 한다. 화가 난다고 아이에게 함부로 말하거나 폭언하는 부모가 있다. 심지어 폭력을 행사하는 부모도 있는데 어떤 해명으로도 정당화될 수 없다. 그러나 그런 부모에게도 심리적 상처가 있음을 간과할 수 없다. 함부로 말하는 것은 많은 부모들이 흔히 저지르는 실수다. 그렇지만 아동 폭력의 경우는 대를 잇는 악습인 경우가 많다. 어린 시절 부모로부터 폭력을 당했던 경험이 자신의 아이를 상대로 그대로 발현되는 경우가 많은 것이다.

　많은 부모들이 자신의 부모처럼 살기 싫어한다. 그러나 상처로 남은 기억은 타인에게도 상처를 내는 무의식적인 힘이 있다. 그 상처투성이 기억을 이성적으로 컨트롤 하기란 여간 힘든 것이 아니다. 그렇다면 이런 악습은 누가 어떻게 끊을 수 있단 말인가.

　2014년 구정에는 아버지가 아들을 살해한 일도 있었다. 명절인데 조부모 댁에 가지 않겠다는 아들을 홧김에 해친 것이다. 정신을 차렸을 때는 이미 20대 중반의 아들은 돌아올 수 없는 길로

간 뒤였다. 아버지는 괴로운 나머지 자해를 했다. 그러나 순간의 화가 빚어낸 비극은 되돌릴 수 없었다. 오죽하면 자해를 했을까마는 당위적인 것을 강요하다보니 이런 비극까지 생긴 것이다.

도대체 화는 무엇인가? 도대체 무엇이기에 부모가 자식을, 자식이 부모를 해하는 참상을 낳는 것인가? 화를 다스릴 방법은 없는 것인가. 대체로 화는 그 즉시 일어나는 감정의 하나로 본다. 분노는 그 화가 촉발인자가 되어 이차적인 행동을 하는 요인으로 생각한다. 이처럼 화와 분노는 구별되지만 여기서는 비슷한 성질로 이야기하고 있다.

화를 자주 내는 사람들의 공통점은 외부 세계를 통제하고 싶은 본능이 강한 것이다. 통제하는 능력이 뛰어난 게 아니라 통제하고 싶은 본능이 강한 것이다. 즉, 외부 세계를 자기 마음대로 통제하고 싶은 본능이 강해 자기 생각대로 상황을 조정하려는 성향이 있다. 그런 탓에 상황이 자기 뜻대로 되지 않으면 화를 내기가 쉽다.

우리는 언제 어디서든 화를 잘 내는 사람을 쉽게 떠올릴 수 있다. 가족이든, 직장 동료든 가까운 사람 중에 화를 잘 내는 사람을 떠올려 보자. 그 사람은 어떤 사람인가? 화를 잘 내는 것으로 인해 가까이 가고 싶지 않은 사람, 불만이 많은 사람, 웬만하면 건드리지 말아야 할 사람 등의 이미지가 있지 않은가.

한편, 화를 잘 내는 사람은 주변 사람들의 반응을 착각하는 경우도 있다. 남들이 자신을 함부로 대하지 못하는 것을 자신을 존중해서 그러는 것이라고 생각해버리는 것이다. 거기에 더해서 자신은 존중받는 사람이라고 자랑까지 한다면 어떻게 이해해야 할까? 사람들이 자신을 함부로 대하지 않는 게 존중이 아니라 감당이 안 되는 진상이라서 의도적으로 무시한다는 사실을 어떻게 일깨워 줄 수 있을까?

화가 날 일이 없는 사람은 거의 없다. 모든 사람들이 화가 나는 상황에 직면한다. 다만 그때마다 화를 어떻게 다스리는가가 중요하다. 인생을 살아가는 데 있어, 화를 다스리는 능력은 곧 신뢰의 척도가 되기 때문이다. 갑자기 화를 내 주위를 긴장시키는 사람은 신뢰를 잃기 쉽다. 자신조차 다스릴 줄 모르는 사람이라는 인식 때문에 주변에서 무시까지 당하게 된다. 결국 자신의 화가 자신을 외롭게 만든다.

언젠가 초등학교 1학년 담임이었던 동료가 했던 말이 떠오른다. 하굣길에서 있었던 일이란다.

– 선생님, 선생님은 옛날에 꿈이 뭐였어요?

1학년짜리가 이렇게 물으니 꽤 맹랑하다고 생각했다고 한다.

- 응, 내 꿈은 선생님이 되는 것이었지.
- 그래요? 근데 이상해요.
- 뭐가?
- 왜 선생님이 꿈인 사람들은 그렇게 화를 잘 내지요? 우리 엄마
  도 어렸을 때 꿈이 선생님이었다는데…….

어른들이 강조하기 위해 소리를 좀 높여서 말하면 화를 낸다고 인식하는 경향이 많음을 알고 어린 아이들 앞에서 더욱 조심해야 함을 생각하게 하는 에피소드였다.

화 에너지를 긍정 에너지로 승화시키는 방법

분노를 조절하는 방법만 잘 선택하면 분노는 얼마든지 건설적 에너지로 승화될 수 있다는 것이다.

그렇다면 화는 어떻게 다스려야 할까?

화를 잘 다스리는 방법 중 하나는 긍정적 에너지로 승화시키는 것이다. 『분노는 나의 힘』을 쓴 아니타 팀페(Anita Timpe)는 감정 표현을 통해 심리적인 짐을 벗고 편안해질 수 있다고 주장한다. 그래서 분노를 억누르지 말라고 한다. 분노를 조절하는 방법만 잘 선택하면 분노는 얼마든지 건설적 에너지로 승화될 수 있다는 것이다.

긍정 에너지로 승화하는 화내기의 구체적인 방법 몇 가지를 소개하면 다음과 같다.

첫째, 자동차 안에서 큰 소리 지르기.

주변에 아무도 없어야 한다. 자동차 안에 혼자 있는 상황에서 큰 소릴 지르라는 것이다. 창문을 열고 남에게 욕을 하거나 화를 내라는 말이 아니다. 자기만의 공간에서 목청껏 소리를 지르는 것은 화 에너지를 잘 토해낼 수 있다.

둘째, 상상 속에서 화 폭발시키기.

머릿속에서 상상을 하는 것은 남에게 폐를 끼치지 않고 얼마든지 할 수 있는 방법이다. 앞에서처럼 사람이 아무도 없는 공간을 찾을 필요도 없다. 뇌는 상상과 현실을 구분 못 한다고 하니 어느 누구에게 상처 주지 않는 좋은 방법이다.

셋째, 자신의 화난 감정을 편지로 쓰기.

글을 쓰는 동안 화가 사그라지면서 이성적, 객관적으로 자신을 바라볼 수 있게 된다. 어떤 목사님도 자녀를 키울 때 화나는 일이 생기면 조용히 글을 썼다고 한다. 서재에 앉아서 종이에 자녀의 튀는 행동과 자기 심정을 적어 내려가면 화가 풀리더란다. 자녀의 엉뚱한 행동이 발달과정 상의 특성으로 이해되는 것이다. 그러면 오히려 아버지로서 지원할 방법을 찾게 된다고 한다.

가령 아들이 귀를 뚫었다는 것을 알게 되면 처음에는 화가 난다. 하지만 글을 적고 난 뒤에는 혹시 싸구려 귀걸이 때문에 귀에

염증이 나지는 않을까 걱정하게 된다는 것이다. 그래서 아들에게 '아빠하고 나가자. 더 좋은 귀걸이로 바꿔줄게.' 할 수 있는 여유가 생기더라는 것이다. 그런 덕분인지 여전히 자녀와 소통을 잘하고 있다고 한다. 또 아이가 부모가 기대했던 것보다 더 바람직한 방향으로 성장했다고 기뻐했다. 참으로 지혜로운 아버지가 아닌가. 이 목사님이 화를 다스리기 위해 선택한 방식은 화가 나면 조용히 글쓰기를 하는 것이다. 화가 가라앉을 때까지 자녀와 마주치지 않고 서재에 들어가 글을 쓴다. 이 별것 아닌 것 같은 지침 하나가 아이의 정서적 건강과 가족의 화목을 만들어내지 않았을까.

넷째, 춤으로 화 발산시키기.

아무도 없는 빈방에서 불을 끄고 음악만 틀어놓는다. 그리고 멜로디와 리듬에 몸을 맡겨 본다. 화가 발산되면서 동시에 기분이 좋아질 것이다. 춤과 음악은 스트레스를 해소하는 좋은 방법 중에 하나다. 솟구치는 화 역시 춤으로 발산시키면 좋다.

다섯째, 쿠션 때리며 화 발산하기.

부드러운 쿠션을 준비하고 있는 힘껏 때린다. 쿠션을 때리는 동안에 화 에너지가 밖으로 발산된다. 그리고 이내 마음에 평안이 찾아온다는 것이다. 그런데 이 방법은 다른 사람이 볼 때 폭력적인 모습으로 비쳐질 수도 있다. 때린다는 행위를 대상만 바꾼 채 행하는 것으로 볼 수 있기 때문이다. 차라리 샌드백 치기 같은 운동이 더 효과적일 것 같다. 운동 겸 스트레스 풀기용으로 샌드백을 활용하거나, 줄넘기, 달리기, 자전거 타기와 같은 운동을 추천한다.

여섯째, 수건 비틀기.
화가 나면 인체의 특정부위가 긴장한다고 한다. 특히, 어깨나 목 부위가 경직될 때 맘껏 수건을 비틀며 하고 싶은 말을 내뱉어보자.

일곱째, 화난 감정을 그림으로 그려보기.
커다란 종이에 마음과 손이 내키는 대로 그림을 그리면서 마음껏 감정을 발산한다. 그 후엔 그 종이를 마음껏 찢어버려도 좋다.

여덟째, 친구와 함께 산책을 하며 마음을 털어놓기.
이야기를 들어줄 수 있는 친구와 산책하며 화가 난 감정을 쏟아놓는다. 이때 친구는 절대로 충고를 하거나 캐묻거나 하지 말고 그냥 들어주기만 하면 된다. 자초지종을 말하고 나면 마음이 가라앉는다. 그런 친구가 없을 때는 손거울을 들고 혼자서 산책을 나가도 된다. 걸으면서 가끔 거울을 보고 말을 하는 것이다.

의외로 좋은 방법이 될 수 있다.

철학자 키에르케고르가 이렇게 말했다. '산책을 통해서 해결되지 않는 문제는 없다'고. 그런데 앞의 방법은 산책을 하면서 친구에게 이야기도 할 수 있으니 얼마나 좋은 방법인가?

아니타 팀페의 방법에 더 추가하고 싶은 것은 심호흡하기다. 가장 쉽게 실천할 수 있는 것이고 화가 난 그 자리에서 당장 할 수 있는 방법으로 효과도 좋다.

그 외에 타임아웃을 갖는 방법도 좋다. 상대가 하는 말에 기분이 상해 금세 화가 솟구칠 때가 있다. 화가 보내는 신호를 인식하고 폭발하기까지는 30초 정도가 걸린다고 한다. 30초면 흥분을 가라앉히고 자리를 뜨기에 충분하다. 그래서 그 30초 동안에 스스로 타임아웃을 하는 것이다. 화는 일단 가라앉혀야 후탈이 적기 때문이다.

이러한 방법으로 화를 배출하면 몇 가지 좋은 점이 있다.

첫째, 남에게 피해를 주지 않는다.

화가 날 때 잘못 다스리면 순간적으로 위험한 행동을 할 수 있다. 단 5분을 못 참아 돌이킬 수 없는 일이 벌어진 경우가 얼마나 많은가?

　둘째, 자기훈련이 된다.

　화를 내는 것도 습관이다. 습관은 행동이 거듭될 때 형성되는 것이다. 화가 난다고 누군가를 지목해서 화풀이를 하다 보면 결국 인간관계가 나빠지고 고립된다. 화가 날 때 다른 사람에게 책임을 돌리지 않아야 한다. 혼자서 감정을 다스리는 것은 매우 바람직한 자기훈련 습관이다.

　셋째, 건강에 도움이 된다.

　일부 정신과 의사들은 공격적인 충동이 배출되지 않으면 그것이 내부에 쌓였다가 갑자기 분노로 폭발해 다른 사람에게 피해를 입힌다고 한다. 일부에서는 이에 대해 다른 의견을 가지고 있기도 하지만 공격성을 즉각적으로 분출하지 않으면 속에 쌓이는 것은 사실이다. 과도한 스트레스가 쌓이다 보면 심혈관 질환이 생기기 쉽다.

　넷째, 주변 사람에게 경고 메시지를 줄 수 있다.

　느닷없이 화를 내면 주변 사람들이 깜짝 놀란다. 그 상황에서 어떻게 대처할지 몰라 당황한다. 그런데 혼자서 해결하려는 모습을 보이면, '아, 지금 ○○가 화가 났구나.', '자극하지 않도록 조심해야겠다.' 하고 주의하게 된다. 어떻게 하면 자극을 하지 않고 도움을 줄지 주변 사람들이 생각하게 될 것이다.

교실에서 화나는 일이 생겼을 때 어떻게 행동을 하는지 교사들에게 질문한 적이 있다.

한 교사는 이렇게 말했다.

– 저는 화가 나면 아이들에게 정색을 하고 말해요. '선생님이 지금 화가 났어. 누구 때문에 화가 났을까?' 물어요.

그러면 아이들이 주변을 둘러보면서 '○○ 때문에요', '아니요. ○○ 때문에요.' 하기 시작한다는 것이다. 자기 때문이라고 말하는 아이는 아무도 없다고 한다. 그 모습을 한참 보고 있으면 절로 웃음이 나와 그만 화가 풀어진다는 것이다.

교사들이 화나는 일이야 뻔하지 않은가? 아이들이 수업시간에 설명을 잘 안 듣고 딴짓 할 때인데 수업하다 말고 이런 진풍경이 벌어지니 웃어 버릴 수밖에.

다섯째, 자녀나 가까운 사람에게 좋은 모델링이 될 수 있다.

화가 난다고 즉각적으로 화를 내는 모습을 자녀에게 보인다면 자녀의 성장과 발달에 악영향을 미친다. 하지만 화가 나더라도 다른 사람에게 피해를 주지 않으려고 노력하는 모습을 보이면 좋은 귀감이 될 것이다. 부모의 화 다스리는 방법을 모델링하면서 스스로 화 다스리는 방법을 터득하게 될 것이다.

다만, 이때 주의할 것이 있다. 화를 다스리는 과정에서 공격적인 행동을 더 강화하고 있다면 유의해야 한다. 끊임없이 화로 인한 피해를 줄이려고 노력해야 한다. 공격적인 행동을 하지 않으면서 건설적으로 화를 푸는 방법을 찾아야 한다. 활기차게 걷기, 수영하기, 농구 슛 던지기, 라켓볼 치기 등의 개인적인 운동도 도움이 될 것이다. 아니면 화가 났던 장소를 벗어나 치유가 될 수 있는 곳으로 이동하라고 권하고 싶다.

몇 년 전 부모 교육 시간이었다. 주제는 자녀와의 대화 기술이었다. 거기 참석한 부모 대부분이 대화 기술을 알고 있어도 화가 나면 자녀에게 화풀이용의 잔인한 말들을 총알같이 쏘아댄다고 했다. 그런데 한 어머니는 매우 지혜로운 대답을 했다.

그 어머니는 화가 나면 목소리를 저음으로 깔고, '엄마 화났다. 네 방으로 들어가.' 하고는 장롱을 열어 옷 정리를 한다고 했다. 참신하고 생산적인 방법이었다. 화가 났음을 자녀에게 알리고 화 에너지를 활용해 평소 하지 못했던 일도 하는 것이다. 장롱 정리를 하다 보면 화가 풀리고 정리가 잘 된 모습을 보면 기분도 좋아진다. 그동안 자녀는 엄마 마음을 돌아보게 되니 그야말로 일석이조였다.

　그 밖에도 청소기를 돌린다, 싱크대를 청소한다, 책장 정리를 한다 등등 주부들은 주로 집안일을 하며 화를 다스리고 있었다. 화장실에 가서 자기 화난 모습을 거울에 비쳐 본다거나 거실에서 음악을 크게 틀어놓고 차를 마신다거나, 자동차를 몰고 드라이브를 나간다 등의 해소법도 있었다. 아이들에게 상처 주지 않고 화 에너지를 활용해 집안 정리를 하는 어머니들의 모습에서 지혜로움을 발견할 수 있었다.

무서운 사춘기

아이가 사춘기가 되면 교사뿐만 아니라 부모와도 관계가 팽팽해진다.

그렇다면 교사들은 어떨까?

화를 어떻게 다스리고 있을까? 공식적으로 정한 규칙을 무시하는 아이들을 볼 때 교사들은 화가 난다. 몇몇 아이들로 인해 교실의 질서가 깨지고 수업시간도 어수선해지기 때문이다. 막무가내로 행동하는 아이들을 지도하다가 화가 나면 교사들은 대체로 이런 행동을 한다.

- 소리 지른다.
- 한숨을 쉰다.
- 설명을 멈추고 떠드는 소리가 가라앉을 때까지 기다린다.
- 화를 내게 한 아이를 혼낸다.
- 책이나 자, 지시봉 등으로 교탁을 친다.

- 다른 아이들의 동조를 구한다.
- 아이들에게 화가 난 상황에 대하여 어떻게 생각하는지 발표시킨다.
- 아이를 뚫어지게 쳐다본다(째려본다).
- 이름을 부르면서 호명 이유를 알고 있는지 묻는다.
- 눈을 감게 하고, 일장 연설을 한다.
- 뒤로 가서 5분 있다 들어오도록 한다.
- 눈을 감고 숫자를 세도록 한다.
- 화난 이유를 설명하고 어떻게 하면 좋을지 아이들에게 물어본다.
- 알림장에 학교에서 있던 일을 쓰게 하고 부모님 확인을 받아오도록 한다.
- 책을 던진다.
- 교실에 떨어진 휴지를 줍게 한다.
- 뒤로 돌아서거나 눈을 감고, 심호흡하는 장면을 아이들에게 보여준다(아이들에게 화를 어떻게 참는지 가르치기 위해 의도적으로 보여줌).
- 아이들에게 선생님이 화가 났으니 화를 내지 않도록 '잠깐'을 다 같이 크게 외쳐달라고 부탁한다.

이는 몇 년 전 교사를 대상으로 심성수련을 진행했을 때 나온 내용들이다. 그중 베스트 5를 꼽아보자면 다음과 같다.

1. 소리 지른다.
2. 째려본다.
3. 행동을 멈추고 훈시한다(특히 고학년).
4. 다른 아이들에게 동조를 구한다.
5. 가벼운 벌을 준다.

특히, 5번의 경우 신체 처벌은 안 되고 대체 벌을 준다. 대체 벌을 정하는 방법은 학교마다 조금씩 다르다. 공청회를 열어 교사, 학생, 부모의 의견을 듣고 토론을 거쳐 모두가 동의하는 대체 벌을 정하기도 한다. 대체 벌 제도가 효력을 발휘하기 위해서는 학교운영위원회에 안건으로 올려 통과되어야 한다. 통과된 후, 모든 학부모와 학생에게 공지하면 효력이 발생한다.

대체 벌로는 타임아웃, 명심보감 쓰기, 봉사활동 등이 있다. 교사들이 선호하는 방법은 명심보감 등의 자기성찰을 위한 글쓰기이다. 아이들의 행동이 수정되는 것을 보면서 써야 할 분량을 조정한다.

4번 '동조 구하기'의 경우 자칫 잘못하면 오히려 교사 입장이 곤란해질 수 있다. 좀 더 심사숙고해서 사용해야 한다. 고학년 교실에서 동조 구하기가 실패하는 상황을 묘사해본다.

수업시간에 아이들이 떠들 때 교사가 흔히 하는 말은, '너 왜 떠들어?'이다. 그 말을 들은 아이가 '죄송합니다. 바르게 수업하 겠습니다.'라고 말하면 얼마나 좋겠는가? 그러나 현실은 다르다.

> **교사 :** 너 왜 떠들어?
> **아이1 :** 안 떠들었는데요.
> **교사 :** 그래? 난 분명 네가 떠든 것을 보았는데 그럼 너나 나 둘 중 한 명은 거짓말을 하고 있다는 거네?
>> (이때 교사는 주변 아이들에게 동조를 구한다.)
> **교사 :** 너희들 얘 떠드는 거 봤지?
> **아이2 :** 못 봤는데요.

이쯤 되면 교사 입장이 곤란해진다. 아이는 딱 잡아뗀다. 순간 당황스런 교사가 교사의 체면을 확고히 세우려고 동조자를 지목 했다. 그런데 동조자는 동조할 생각이 없다. 이 황당한 상황에서 어떻게 하는 것이 지혜로운 선택일까?

〈교사 A의 경우〉

- 중요한 설명을 하는 중에 네가 안 보고 잡담을 하기에 지적을 한 것이다. 네가 다시 집중하기만 하면 된다.
- 난 네가 잡담하는 것을 확인하고 지적한 것인데 넌 잡담을 안 했다고 하니 이 작은 교실상황에서 어떻게 이런 차이가 날까? 쉬는 시간에 따로 이야기하자.

다소 기분은 상했지만 교사 A는 수업진행에 초점을 맞추고 상황을 마무리한다. 그렇다고 없었던 일로 하자는 것은 아니다. 쉬는 시간에 아이와 함께 이야기를 나누어볼 필요가 있다는 것이다. 교사 A는 더 화가 날 수도 있는 상황을 미리 예방하는 쪽을 선택했다. 안 했다고 딱 잡아떼는 아이와 실랑이를 해봤자 그 자리에서 승부가 나지 않는다. 자칫 잘못하다간 진도도 못 나가고 기분만 나빠진다. 그래서 쉬는 시간에 다시 얘기하기로 하고 얼른 상황을 종료했다.

〈교사 B의 경우〉

- 분명히 너와 잡담을 했는데 안 떠들었다고 하는 너도 똑같은 사람이구나.
- 너 그럼, 나를 거짓말한 사람으로 만드는 거네?
- 얘가 떠드는 것 본 사람 손들어 봐(그런데 아무도 손을 들지 않을 때에는 어떻게 할 것인가?).
- 이렇게 솔직하지 않은 너희들을 더 이상 가르칠 필요가 없다. 너희에게 실망이다.
- 네가 솔직하게 고백하고 사과할 때까지 수업을 못하겠다.
- 내가 너희들을 이렇게 가르쳤니? 이 작은 일에도 솔직하지 못한 너희들이 심히 걱정이다.

　교사 B는 끝까지 동조자를 찾아 교사의 체면을 세우려는 교사다. 교사 B처럼 가다간 상황이 점점 우스워진다. 교사의 입장도 곤란해질 수 있다. 안 했다고 하는 아이가 괘씸하다. 분명히 떠드는 것을 눈으로 보았다. 그런데도 그 아이는 오히려 교사를 곤란하게 한다. 자존심이 상한 나머지, 아이로부터 자백을 받아내려 강압적으로 묻는다. 아이들에게 동조를 구하지만 그마저도 예상과는 다른 반응이다. 수업을 하다말고 교사가 한 아이를 공개적으로 공격한다고 느낄 때 아이들은 갑자기 한 덩어리가 된다. 결과는 아이들에게 동조를 얻기는커녕 웃기는 교사라고 무시당한다. 그리고 속이 좁은 교사로 찍혀 아이들에게 신뢰를 얻기 힘들어진다.

　이런 상황은 고학년 교실에서 심심치 않게 벌어진다. 이렇게 잡아떼는 아이들로 인해 고학년 특히, 6학년을 교사들이 기피하는 것이다. 아이들은 담임 몰래 담임 안티 카페를 만들기도 한다. 사이버 공간에서 담임을 마음대로 욕하는 것을 즐기기도 한다.

　나는 기피 학년인 6학년을 연거푸 12년이나 가르친 덕분에 6학년 아이들의 발달적 특성과 심리적 특성을 비교적 잘 이해하게 됐다. 동조를 해주지 않는 아이는 정말 몰라서 못 봤다고 말하는 것일 수도 있고, 친구와의 의리로 거짓 증언하는 것일 수도 있다. 이렇든 저렇든 같은 반 아이에게, 잘못을 저지른 친구 코앞에서 동조를 구하는 것은 어리석은 일이다.

지혜로운 사람은 화가 날 상황이 예견되면 맞서지 않는다. 비록 그 대상이 어린 아이일지라도 마찬가지다. 오랜 현장 경험에 의하면 고학년 아이들과 절대로 기 싸움을 해서는 안 된다. 아이들과 기 싸움 상황에 휘말리는 교사는 꼭 경력이 짧은 교사만 해당되지 않는다. 안타깝지만 경력이 있는 교사들도 그런 상황에서 쉽게 자유로울 수는 없다. 경력이 오래된 선생님의 경우 생활지도 노하우가 빛날 때도 있지만, 오히려 아이들의 변화를 수용하기 힘들어 어려움을 겪는 경우도 많다.

사실 아이들만 변한 것은 아니다. 어른들도 그렇고 사회도 학교도, 학부모도 많이 변했다. 따라서 변화를 재빨리 수용하고 대처할 줄 아는 교사가 지혜로운 교사이다.

학생인권을 강조하는 생활지도규정 이후, 교사를 무시하고, 학교에 와서 온갖 막말을 함부로 하며, 건수만 있으면 인터넷에 고발하는 형태로 일을 해결하려는 학부모와 학생들 때문에 교사들은 맥이 빠져있다. 그 결과는 뻔하다. 결국 교사는 맥이 빠지다 못해 의기소침해지고 행복한 기분으로 교육할 수 없다. 아이들과의 소통이나 상호 작용에도 생기가 사라진다. 사랑으로 관계 맺어야 할 교사와 학생 사이에 의무와 책임만 남고, 헌신과 희생은 자리를 잃는다. 이러다가 정 없이 건조한 관계 속에서 생기라고는 찾아볼 수 없는 학교가 될까 염려스럽다. 생명을 다루는 교육현장이 이렇게 되어가는 현실은 심히 안타깝다.

이 안타까운 현실에서 그래도 교사들은 아이들을 올바로 교육 시키려고 애쓰고 있다. 아이들에게 이런 교사들의 열정이 잘 전달되면 좋겠지만, 기대를 무너뜨리려는 듯 중학생으로 올라가면 아이들의 반항은 극에 달한다. 중학생들은 마치 고장 난 엔진처럼 어디로 튈지 모른다.

아이가 사춘기가 되면 교사뿐만 아니라 부모와도 관계가 팽팽해진다. 갈등이 생기면 처음에는 언쟁이 잦아지다가 심하면 아예 귀를 막아버린다. 필자도 주변에서 그런 경우를 많이 보았다. 시간이 지나면 서로 담을 쌓고 남남처럼 지내기까지 한다. 한집에서도 서로를 투명인간 취급하는 데 익숙해진다. 극단의 무관심은 다른 문제들보다 더 심각하다. 회복이 어려운 상태로까지 치달을 수 있기 때문이다.

무엇이 문제일까? 자녀의 방문은 언제나 굳게 닫혀 있다. 부모의 잔소리를 차단하기 위해 이어폰으로 귀를 틀어막기 일쑤다. 닫힌 자녀의 방문 앞에 서 있는 부모는 어떤 심정일까? 때로 부모를 견디기 힘들어하는 아이들은 가출까지 결심하기도 한다.

대개의 부모는 '애써 애지중지 키웠더니 저 혼자 큰 줄 알고 부모 마음에 비수를 꽂는다.'라고 생각하며 허탈해한다. 기가 막히

고 코가 막힐 노릇이라 생각한다. '내 자식이 이럴 줄은 몰랐다.'
며 허무해한다.

이런 상황에서 기 싸움에서 우위에 있으려고 하는 부모는 어리
석다. 기를 꺾어야겠다고 생각하면 정말 큰일이다. '네가 이기나,
내가 이기나 보자.'라는 식의 싸움은 오히려 자녀의 마음을 굳게
걸어 잠그게 만든다. 게다가 이기려고 마음먹는 순간 명령과 협
박이 시작된다.

－ 문 열어! 문 당장 못 열어! 부수고 들어간다!

이쯤 되면 사랑하는 자식이 아니라 '원수'다. 사춘기 자녀를 둔
부모는 자녀와 대화가 안 통한다고 아우성이다. 그러나 이런 대
응 방식은 자녀로 하여금 억울한 마음만 갖게 한다.

엄마 아빠는 문제가 없고 나만 문제란 말인가?
내가 꽉 막혀서 대화가 안 통하는 건가?
엄마 아빠가 내 마음을 들으려고 하지 않는 거 아닌가?
내가 생각할 때는 엄마 아빠의 태도가 문제인데, 엄마 아빠는
내 마음을 모른다.

이제 부모는 원망하기 시작한다. 그것도 공개적으로.

어디서 저런 자식이 나왔는지!

창피해 죽겠어.

누구 닮아 저러는지 참…….

못된 것만 배워가지고!

이런 부모의 말을 듣고 아이는 어떤 생각을 하겠는가.

아, 짜증나!

듣기 싫어.

누가 날 낳으래? 웃겨, 정말.

매일 똑같은 소리. 이젠 지겨워.

사춘기는 주로 초등학교 고학년부터 시작된다. 그리고 중학교 2학년이 되면 사춘기 증상이 최고조에 달한다. 오죽하면 '중2병'이란 용어까지 생겼을까?

다음은 중앙일보 2013년 4월 6일자 기사(채윤경 · 이상화 기자)의 내용이다.

'중2병'은 전 세계적 현상이다. 안하무인, 좌충우돌 현상이 특징인 '중2병'이란 용어는 일본에서 먼저 사용했다. 일본의 한 라디오 방송에서 '중학교 2학년 시기에 주로 하는 행동'이라는 주제로 프로그램을 진행하면서 '중2병'이란 말이 주목을 받았다. 미국에도 '2학년 병(sophomoric illness)'이란 용어가 있지만 주로 고등학교나 대학교 2학년에서 겪는 증세를 말하며 '아는 체하는'이란 의미가 담겨 있다. 독일에는 사춘기 청소년의 보편적 대명사가 되어버린 '질풍노도의 시기(sturm and drang)'란 말이 있다. 이 말은 청소년 관련 책에는 이미 오래전부터 등장한 표현이다.

한편, 우리나라는 2010년 인기 웹툰 〈싸우자 귀신아〉에 '중2병'이 등장해서 관심을 끌었다. 이 웹툰에서 '중2병'에 대해 정의하기를, '세상에서 자신이 제일 불행하고 고독하며 세상을 등진 존재라 여기는 증상을 몇 학년 더 먹은 사람들이 비꼬아 만든 신조어'라고 했다.

요즘에는 '북한이 남한을 못 쳐들어오는 이유 중 하나가 중2가 무서워서'라는 어이없는 우스갯소리까지도 등장했다.

기사에는 속설로 돌아다니던 '지랄 총량의 법칙'이란 말까지 등장했다. '지랄 총량의 법칙'이란 '질량보존의 법칙'의 어감과 뜻에서 힌트를 얻은 신조어다. 사람이 살면서 평생 해야 할 '지랄'의 총량이 정해져 있는데, '지랄'은 시기적으로 언제 쓰더라도 꼭 쓰게끔 되어 있다는 것이다. 따라서 입시가 발등에 떨어지는 고등학생 때나 가정을 책임져야 하는 어른이 되어 '지랄'을 쓰느니, 차라리 중학생 때 쓰는 것이 낫다는 말이다. 이 말이 아이들 사이에서는 변명처럼, 부모들 사이에서는 위로처럼 떠돈다고 한다.

고등학생이 되면 충동적인 행동을 비교적 절제한다. 진로선택이라는 무거운 주제와 인생에 대한 책임을 의식하면서 진지해진다. 이 안정감을 바탕으로 교사와 장래에 대한 고민을 함께 나누는 시기이기도 하다. 그러나 그런 와중에도 더러 교사를 힘들게 하는 아이들은 물론 있기 마련이다.

이렇게 교사는 결코 만만치 않은 생활지도의 부담감 때문에 현장에서 거의 녹다운이다. 생활지도가 제대로 되려면 지도하는 교사와 문제 행동을 일으킨 학생 사이에 라포르(rapport)가 형성되어야 한다. 친밀감이 먼저 형성되기 이전에는 아무리 옳은 이야기를 해도 쇠귀에 경 읽기다.

게다가 부모나 교사는 언제나 도덕성을 강조한다. 아이가 문제 행동을 일으키면 영락없이 그 행동을 지적하면서 일장 훈계를 늘어놓는다. 잘못된 행동은 잘못을 저지른 본인이 더 잘 안다. 한마디만 해도 충분히 아이에게 전달될 텐데, 그래도 못 미더워 이미 말한 것을 되풀이한다. 그러면 아이는 그 자리에서 도망치고 싶다. 때로는 그냥 듣는 척만 한다. 교사나 부모는 할 말을 다 해야 직성이 풀린다. 자신의 화가 풀려야 비로소 바른 지도가 되었다고 생각한다. 하지만 착각이다. 아이는 이미 귀를 막고 있다. 마음의 귀도 닫아버렸다. 따분한 잔소리는 아이의 귀에도 가슴에도 전달되지 않는다.

흔들리는 교권

학교와 가정 간에 진정한 소통이 사라지고 오해와 불신이 그 자리를 메웠다.

현장교사 40여 년의 경험으로 볼 때 아이들의 문제 행동이 심각해지기 시작한 것은 대체로 1990년대 들어서부터이다. 그 이전에는 교사가 일방적으로 통제해도 반발하는 빈도가 적었다. 그러나 90년대 들어서는 일방적으로 지도하던 방식에 제동이 걸리기 시작했다. 권위로 지도하려던 기존의 방식은 더 이상 먹혀들지 않게 된 것이다.

그 이유가 무엇일까?

포스트모던 사회가 대두되면서 그때까지 쌓아 올린 모든 결과들, 축적물에 대해 물음표를 제기하기 시작했다. 분야에 따라서는 그 결과물의 해체를 지향하기도 한다. 지식마저도 객관주의적 입장에서 바라보지 않고 구성주의적 관점에서 바라본다. 정답이 있는 사회가 아니라 모두의 의견이 옳고 인정받아야 하는 사회를 지향한다.

좋게 보면 획일성에서 다양성으로, 단조로움에서 복잡함으로, 상하구조에서 수평구조로, 당위적인 것에서 욕구 충족적인 것으로, 지루한 것에서 재미있는 것으로, 정장에서 캐주얼로, 넥타이에서 스카프로 등등 기존의 것에 반하는 현상들이 시대를 지배하기 시작했다고 볼 수 있다. 권위가 무너지고 그 자리에 그동안 억눌렸던 욕구들이 너도나도 권리를 주장하기 시작했다.

이런 포스트모던적인 흐름은 교육기관에서는 참 감당하기 힘든 변화였다. 아이들만 변한 것이 아니라 학부모들 또한 걷잡을 수 없이 변했기 때문이다.

인권이란 미명하에 조금이라도 자신의 생각과 다르거나 자신이 불이익을 당하는 기미가 보이면 학부모 여럿이 몰려와서 거칠게 항의한다. 학부모들의 민원을 처리하느라 교무처 직원들뿐 아니라 교사들의 업무까지 마비가 되는 경우도 허다하다. 교사가 과중한 민원처리로 점심식사를 챙기지 못하는 것은 예사이고, 폭언 세례를 받는 등 심상치 않은 일들이 발생하지만 교사의 인권은 이미 무시된 지 오래다. 오죽하면 요즈음 교사도 감정노동자라는 말이 심심치 않게 등장할까!

어른이라는 이유로 존중받던 시대는 지났다. 이곳저곳에서 학교의 권위가 무너졌고 당황하는 교사는 늘어갔다. 현장의 갈등은 점점 심해졌다. 정직과 인내가, 공정과 절제가 무너져 내렸다. 학교와 가정 간에 진정한 소통이 사라지고 오해와 불신이 그 자리를 메웠다.

1960-70년대 예술 특히 건축 분야에서 기존의 모던적 스타일을 해체하는 의미로 사용되어지기 시작했던 흐름이 포스트모더니즘이다. 모더니즘의 탈피, 후기 모더니즘 등으로 이해되는 포스트모더니즘에서 포스트란 against(反), after(後)의 의미를 내포하고 있다. 그동안 객관적으로 전승되고 이해되던 지식조차도 구성적 관점에서 이해하기 시작하면서 사회 전반에 걸쳐 많은 변화들이 나타나기 시작했다. 그것은 발전으로 볼 수도 있지만, 위기로 볼 수도 있다.

거기엔 분명 긍정적인 면도 있고 부정적인 면도 있다. 긍정적인 면은 자기주장이나 욕구 표현이 적극적이라는 것이다. 감성을 자극하는 문화적 흐름이 대세이다 보니 '옳고 그름'보다는 '하고 싶은가, 하기 싫은가' 또는 '좋은가, 싫은가'의 관점이 선택의 기준이 된다. 다양성과 창의성이 결합되어 감성적 분위기를 자극하는 문화 코드에 적응된 사람들은 그 재미와 쾌락에 푹 빠져버렸다.

　이러한 흐름을 앞서 부추기는 그룹은 비즈니스 분야였다. 상품을 감성적으로 홍보하고, 감성을 자극하는 마케팅을 주도했다. 변화는 급속하게 확산됐다. 이 거대한 흐름을 누가 거스르랴? 이러한 흐름이 달콤한 맛을 안겨주긴 하지만 물질만능과 이익창출에 집중하다 보면 맘모니즘(mammonism)에 빠지게 된다.

　인간의 존엄성에 손상을 가져올 수 있다는 자각이 서서히 일어나면서 인문학에 관심이 쏠리기 시작했다. '인간 존재의 존귀함'을 회복하자는 내용이 인문학 연구의 핵심인데, 요즘 인문학 열풍 배경엔 인문 고전을 통해 역사와 사회의 발전 과정에서 사람이 얼마나 귀한 존재인지를 확인해 자본주의의 폐해와 허점을 보완하고자 하는 몸부림이 있다고 생각한다.

　이러한 변화의 홍수 속에서 아이들이라고 변하지 않겠는가? 도리와 사람의 됨됨이를 가르쳐야 하는데, 도무지 아이들에게 먹혀들지 않는다는 하소연이 여기저기서 범람한다.

　신문 사회면에는 교사를 때린 아이와 학부모, 학교에 찾아와 온갖 행패와 난동을 부린 학부모 등에 관한 기사가 심심치 않게 등장한다. 이제 더 이상 학교에서 자신의 아이가 부당한 대우를 받거나 친구들에게 따돌림을 당하거나 폭력적인 피해를 받는 것에 대해 이해하지도, 양보하지도, 용납하지도 않는 것이다.

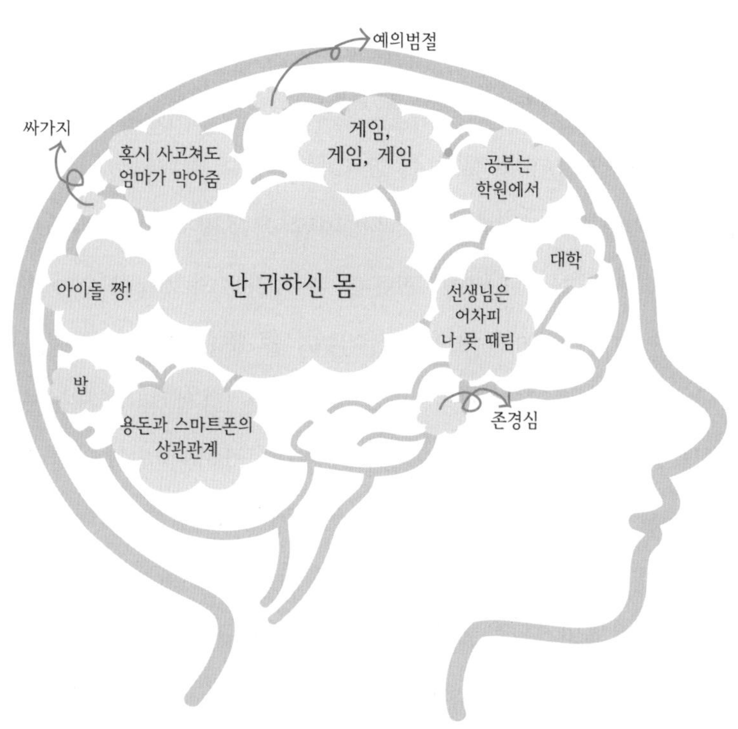

이 그림은 '선생님을 때리는 요즘 아이들'의 뇌구조를 패러디한 기사를 따온 것이다. 마땅히 있어야 할 예의범절, 존경심(교사나 어른에 대한), '싸가지'는 극히 미미하다. 반면 '용돈과 스마트폰의 상관관계, 아이돌 짱, 게임, 공부는 학원에서, 대학, 선생은 어차피 자기를 못 때리고 혹시 사고를 쳐도 엄마가 막아주는 자신은 대단히 귀하신 몸이다'는 생각이 뇌 속에 꽉 차 있다.

아이들은 자기가 하고 싶은 일들에 몰두할 뿐, 인간으로서의 도리를 생각하는 면은 찾아보기 힘들다. 그러니까 화가 나면 절제하지 못하고 충동적인 행동을 하게 되는 것이다.

자녀가 선생님을 때린 사실에 대해 학부모의 반응은 어떠한가. 과거에는 '아이가 그럴만한 잘못을 했겠지.' 하고 교사의 체벌에 수긍했다. 그러나 요즘 학부모들은 원인 제공을 교사가 했을 것이라고 주장한다. 부모가 아이를 싸고돌면, 결국 그 폐해는 부모와 자녀에게 돌아온다. 유대인 교육을 강조하는 하브루타 교육 연구소에서는 오죽하면 '보복당하는 부모'라는 충격적인 말까지 사용했을까! 자초지종을 살펴 자녀의 잘못된 행동에 대해서는 따끔하게 훈계하고 다시는 그런 행동을 못 하도록 해야 한다. 그런데 아이들이 저지른 행동을 옹호하면 사리분별에 약한 아이들은 무엇을 깨닫고 배우겠는가? 잘못된 신념이 아이를 지배하게 될 것이다. 굳게 자리 잡은 신념은 쉽게 바꾸기 힘들다. 자신의 잘못된 신념과 타인의 신념이 부딪히면 소통이 힘들어지고 관계 또한 어그러진다.

부모를 무시하고 폭행하고 살인하기까지 하는 비극은 어디서부터 시작되었는지 곰곰이 생각해보아야 할 것이다.

회복적 대화

교권이 무시당하는 일 말고도 아이들 간에 서로의 인권을 무
시하는 학교 폭력 사례도 비일비재하다. 당연한 소리지만 학교
는 교육을 하는 곳이다. 폭력 예방활동을 통해 폭력을 왜 하지 말
아야 하는지 아이들에게 교육해야 한다. 교육만으로 학교 폭력을
100% 근절할 수는 없지만, 예방하는 데 영향을 미칠 수 있다. 그
러나 학교 내 법적 기구인 폭자위(학교 폭력대책 자치위원회)는 예방
이 목적이 아니다. 그보다는 처분을 내리는 데 그 목적이 있다.
학생들을 가르치는 교사 입장에서는 예방이 아닌 처분의 방식은
달갑지 않다. 왜냐하면 교사는 자신이 가르친 학생이 어찌 되었
든 변화되어서 돌아오기를 바란다. 다시 교실에서 친구들과 교육
받을 수 있기를 원한다. 처벌로써 쉽게 전학이 결정되는 것은 원
치 않는다. 이런 이유로 교사는 처벌보다 폭력 행동을 사전에 방

지하는 예방 활동에 더 관심을 갖는다.

물론 피해 학생을 위해서라도 가해 학생이 필요한 처분을 받아야 하지만 보다 근본적으로 폭력을 예방하는 대안이 필요하다. 학교 폭력을 예방하기 위해서는 아이, 부모, 교사, 학교 모두의 관심과 노력이 아우러져야 한다.

일벌백계(一罰百戒)라는 미명하에 치유보다 처벌이 우선시 되어서는 안 된다. 가해 학생이 어떤 처벌을 받게 되는지 다른 학생들에게 본보기를 보여서 폭력을 근절시키는 방법은 그 자체가 모순이다. 폭력을 벌로 다스리는 것은 아이들의 경각심은 불러일으키나, 근본적인 해결 방법이 될 수 없는 것이다. 아직 미성숙한 아이들에게 처벌은 오히려 반항심만 키울 수도 있다.

제도적으로 처벌을 강화하는 게 아니라, 다방면에서 아이들에게 관심을 가져야 한다. 아이들의 이야기에 귀를 기울이는 학교 활동이 우선되어야 한다. 또 마음의 상처를 바른 방식으로 치유하지 못하는 아이들을 위해 상담 프로그램을 강화해야 한다. 이것이 오히려 학교 폭력을 예방하는 차원에서 더 필요한 일일 것이다.

다행히 최근에는 학교 폭력 사안을 사법적으로 해결하지 않고, '회복적 정의'를 실현하도록 하는 움직임이 일어나 많은 동조를 얻고 있다. 실제로 교실에서 발생한 폭력 문제를 회복적 정의에서 안내하는 대로 지도해보니 효과가 있었다. 회복적 대화를 하면 가해 행위를 한 학생이나 피해를 입은 학생의 마음에 앙금이 남지 않고 문제가 '쿨'하게 해결된다. 다만, 그렇게 지도하기 위해서는 교사에게 시간적, 마음적 여유가 있어야 한다.

회복적 대화의 핵심은 '각자에게 하고 싶은 말을 다할 시간을 주는 것'과 '상대방이 한 말이 사실인지를 확인하는 과정'이다. 즉 오해나 억울함이 남지 않도록 하는 것이다. 가해 행위를 한 학생을 법에서 정한 대로 처벌하기 전에 이런 대화를 나눌 기회를 주어야 한다. 이것이야말로 진정 교육적인 일이다.

아이가 밝고 건강하게 성장하도록 하기 위해서는 교사가 평안한 마음으로 아이에게 지속적인 관심을 유지할 수 있도록 교사의 근무여건이 뒷받침 되어야 할 것이다. 교사의 인권이 보호받을 때 아이들의 인권도 보다 더 보호받을 수 있기 때문이다. 혹 아이들에게서 폭력문제가 발생하더라도 처벌하기보다는 사랑과 관심으로 보듬고 회복시키는 것이 교사들의 정서에 더 가깝다는 것을 명심하자.

어떻게 하면 교육현장의 권위를 회복하고 교사와 학생이, 부모와 자녀가 행복한 관계를 형성할 수 있을까? 그 구체적인 방법은 무엇일까?

5 마음을 여는 스위치 대화

한마디 말이 아이를 바꾼다

바른 안내를 해야 하는 교사나 지도자는 상대방이 기분 나쁘지 않게 말하는 기술을 배워야 한다.

앞장에서 죽 어른들의 화로 인해 잘못된 대화를 함으로써 아이들과의 관계가 어그러진다는 것과 그로 인해서 파생되는 폐해에 대해 살펴보았다. 안타깝지만 더 이상 기존의 대화 방법으로는 기대효과를 거둘 수 없음을 인정할 수밖에 없는 현실이 되었다.

그렇다면 어떻게 할 것인가?

관계도 회복되고 효과도 탁월한 그 방법을 안내하고자 한다.

부모도 부모역할을 잘 해내기가 어렵고 힘들다. 언젠가 3학년 교실에 들어갈 기회가 있었다. 아이들에게, '나는 엄마가 이런 말을 할 때 화가 난다'라는 주제로 자유롭게 글을 쓰도록 해보았다. 어린 아이들은 어떨지가 궁금했었는데 그 내용을 정리하면 다음과 같다.

1) 공부와 관련된 말

공부해, 책 읽어, 시험점수가 이게 뭐냐?, 숙제 좀 해, 학원 빨리 가, 엄마가 말 안 하면 공부 안 해?, 공부는 언제 할 거야?, 그만 놀고 책 좀 봐 등등.

2) 비교하는 말

쟤는 잘하는데 넌 왜 그러니?, 넌 어떻게 동생보다도 못하니?, 너 혼자만 못 하는 거야, 쟤는 너보다 훨씬 낫다, 넌 언제 형만큼 할래?, 옆집 애 좀 본받아, 엄마는 어렸을 때 너처럼 그러지 않았다 등등.

3) 기타

동생이 어지럽힌 방을 나에게 치우라고 할 때, 날 이해 못 해줄 때 (이어폰을 끼고 잠자면서 노래 듣고 싶은데 못 하게 함), PC방 그만 가, 이불 정리해, 책상 정돈해, 밥 더 먹어, 동생하고 싸우지 마, 장난치지 마 등등.

위 내용들은 3학년 아이들이 기분 좋은 상황에서 떠올린 말들이다. 부모님에 대한 아이들의 불만은 훨씬 더 많을 것이다. 아이들은 공부와 관련된 말이나 형제나 친구 간에 비교하는 말이 지시 명령조로 말하는 것보다 더 화가 난다고 답했다.

6학년 아이들도 3학년 아이들과 마찬가지로 비슷한 대답을 했다. 다른 점은 외모에 대해 민감한 시기여서인지 외모와 관련한 잔소리를 듣기 싫어했다. '넌 어쩜 클수록 못생겨지니? 어렸을 땐 이뻤는데.', '여드름 어떡하니?', '무가 걸어가는 것 같다.' 등등.

또 특징적이었던 것은 부모가 아이의 책임 능력을 비하하는 말들을 쓰기 시작했다는 것이다. '넌 아무것도 못하는 쓰레기야.', '큰일이다, 어른이 되어도 똑같을 거야.', '도대체 어떻게 먹고 살래?' 등등이 그러했다. 그 밖에도 '너하고 대화하면 속 터지니까 가만히 있어!' 등과 같이 자녀를 향한 질타와 비난의 강도가 더 세졌음을 확인할 수 있었다.

그렇다면 아이들을 기분 좋게 하는 말들은 무엇일까.

넌 무한 금을 준다 해도 안 바꿔!
우리 딸, 도와줘서 고맙다.
넌 배려심이 많아.
마음껏 놀아라.
잘했어!
사랑해!
놀이동산에 놀러 가자.
노력을 하는구나.
자, 이번 주 용돈!

엄마 딸로 태어나줘서 고마워.

  부모는 직·간접 경험을 통해 어떤 말들이 자녀를 기분 나쁘게 하는지 아님 좋게 하는지 이미 다 알고 있다. 그런데 왜 듣기 좋은 말보다 듣기 힘든 말을 더 많이 하게 될까? 여러 이유와 사정이 있겠지만 부모 역시 기분에 따라 좌우되는 사람이기 때문일 것이다. 기분 나쁜 감정을 극복하고 따뜻한 말을 하기란 누구나 어려운 일일 것이다. 그래서 바른 안내를 해야 하는 교사나 지도자는 상대방이 기분 나쁘지 않게 말하는 기술을 배워야 한다.

너–전달법(You-Message)과 나–전달법(I-Message)

나전달법의 원리는 긍정적 관계를 형성하여 변화를 기대하려고 하는 대화 기술이다.

지금까지 가장 보편적으로 알려져 있는 대화기술로 '나–전달법(I-Message)'이 있다. 이 대화기술은 문제 상황이 벌어질 때마다 '너 때문에…….', '너만 아니었다면…….'과 같이 그 책임을 상대방에게 돌리던 표현방식에 변화를 가져왔다.

'너–전달법(You-Message)'으로 말하면 상대방의 기분이 나쁘게 된다. 아무리 상대가 잘못된 행동을 했더라도 '네가 이렇게 했기 때문에 일이 이렇게 잘못 되었다.' 식으로 말하면 그것을 곱게 받아들일 사람은 드물다. 또 기분이 상하다 보니 관계가 깨질 수 있다. 반면 토마스 고든이 주장한 나–전달법의 원리는 긍정적 관계를 형성하여 변화를 기대하려고 하는 대화 기술이다.

상황을 가정해보자. 모처럼 여고 동창이 집에 놀러 왔다. 거실에서 즐겁게 담소를 나누고 있는데, 8살짜리 아들이 정신 사납게 뛰어다닌다면 어떻게 하겠는가? 주의를 주었는데도 못 들은 척한다면 참고 참다가 나중엔 화가 날 것이다. 손님만 오면 유난히 아이가 말을 더 잘 듣지 않는 것 같아 속상할 것이며, 아이의 유난스러운 모습만 본 동창이 아이를 버릇없이 키웠다고 오해할까 부담도 될 것이다.

보통 그런 상황에서 엄마는 아이에게 '조용히 못 있어? 너 때문에 대화를 못 하잖아! 손님이 오셨는데 분위기 파악도 못 하니? 창피해 죽겠다. 빨리 네 방에 들어가서 책 읽어!' 하고는, 곧이어 동창에게 '얘, 친구야. 미안해. 우리 아들이 오늘 좀 이상하네.'라고 한다.

엄마의 말 속에는 아이의 문제를 꼬집는 내용만 가득하다. 이렇게 말하는 방식이 너–전달법이다. 이 말하기 방식은 상대에게 문제가 있어 마땅히 상대의 잘못을 꼬집는 것 같지만 그 심리적인 기제는 그렇지 않다. 그렇게 말하는 이가 은연중에 '나' 중심적인 사고를 하기 때문이다. 오랜만에 동창을 만났고 동창과 대화에 집중해야 될 필요가 있는 사람은 '나'다. 아이 때문이 아니라 '나'의 이런 상황에, '나'의 이런 감정에 아이가 맞춰 주지 않는 것이 화가 나는 것이다. 그 탓을 아이 탓이라고, '너 탓'이라고 전가하고 있는 것이다.

엄마는 화나는 감정을 너-전달법을 통해 일시적이나마 해소할 수 있다. 그러나 너-전달법으로 야단맞는 아이의 기분은 어떨까?

먼저 아이의 입장을 이해해보자.

엄마는 평소보다 집을 깨끗이 치우고 맛있는 음식도 준비한다. 아이는 직감적으로 오늘 특별한 손님이 온다는 것을 알고 있다. 엄마가 설레어 하니 아이도 덩달아 설렌다. 손님이 왔고 엄마는 그 손님에게 집중한다. 재미난 이야기를 나누는지 시종일관 행복한 모습이다. 아이는 손님이 궁금하다. 엄마와 손님이 나누는 대화가 궁금하다. 나도 좀 껴줬으면 싶다. 그 대화에, 그 자리에 나도 손님이고 싶다. 아이는 엄마와 손님의 주변을 맴돈다. 아무 반응이 없다. 어떻게 하면 내 존재를 알릴 수 있을까. 뛰어다니거나 시끄럽게 굴면 엄마가 나를 돌아보겠지? 아이는 자신이 그렇게 행동할 때 엄마가 관심을 보이는 것을 알고 있다. 한참 뒤 엄마로부터 반응이 왔는데 기대했던 반응은 아니다. ‘이리 와라’가 아닌 ‘저리 가라’다. 아이는 뿔이 난다. 반항이 시작된다. 시끄럽다고 하면 더 큰 소리를 낼 것이고, 뛰지 말라고 하면 더 뛰어다닐 것이다.

그런 생각을 눈치 못 채고 손님 앞에서 자기를 꾸중하는 엄마를 아이는 어떻게 생각하겠는가? 어떤 기분이겠는가? 아이 입장에서는 손님 앞에서 무안당하고 창피당한 것이 부끄럽고 해서 어쩔 수 없이 방안으로 들어갔지만 무척이나 엄마가 원망스러울 것이다. 어쩌면 자기 방에서 찔끔찔끔 눈물을 삼키고 있을지도 모른다.

반면, 나-전달법의 경우는 어떤가? 이 방법은 남 탓을 하는 것이 아니라, 내 기분이나 입장 또는 느낌을 말하고자 하는 대상에게 전달하는 화법이다.

나-전달법의 표현방식에는 세 가지 요소가 포함되어야 한다.

첫째, 상대방이 한 행동과 상황을 비난 없이 기술하기.
둘째, 그 행동 때문에 나타나는 영향을 기술하기.
셋째, 그러한 일이 일어날 때의 본인의 기분이나 느낌을 표현하기.

같은 상황을 다시 예로 들어보자.

엄마의 기분은 아까나 지금이나 똑같이 좋지 않다. 하지만 너-전달식의 화법으로 아이를 질책해서는 안 된다. 엄마는 아이가 지금 왜 이런 행동을 하는지 잠깐 생각해 봐야 한다. 아이의 행동을 아이 입장에서 이해하려고 노력했고, 어느 정도 이해했다면 이제 어떻게 말하면 될까?

> – 아들아, 엄마가 오늘 정말 오랜만에 고등학교 때 친구를 만나서 기분이 좋아. 오랜만이라 그런지 할 이야기도 많고 그러네?(상황표현) 지금은 네가 뛰어다녀서 이모 말이 잘 안 들려(영향). 그래서 엄마가 솔직히 좀 예민해져(기분표현). 이제 조금 있으면 이모가 집에 가야 해. 그런데 또 언제 만날지 모르는데, 엄마가 친구랑 더 이야기할 수 있도록 좀 도와줄래? 이리 와 앉아서 엄마랑 같이 이야기하든가 책을 보면 어떨까?

어떤가? 나–전달법으로 말하니, 아이를 비난하지 않고도 아이의 행동이 어떤 영향을 미치는지, 그래서 엄마의 기분이 어떠한지를 아이에게 이해시킬 수 있었다. 그리고 아이가 어떻게 해야 하는지에 대한 적절한 대안까지 마련해 주었다. 사실 대안까지는 말해주지 않아도 된다. 대안은 아이가 생각하여 선택하도록 하면 금상첨화이다. 그 무렵의 아이들에게 대안 제시는 강요가 아니라 선택의 부분이다. 어떻게 해야 할지 아이들은 선택의 기로에서 순간적으로 판단을 하는 데 익숙하지 않기 때문이다. 아이에게 대안을 제시하는 것은 이런 경우 엄마에게도 필요할 수 있다. 불편하게 느껴지는 아이의 행동을 중단시키면서도 엄마가 원하는 적절한 방법을 아이로 하여금 선택하게 하는 데 도움을 주기 때문이다.

엄마가 아이에게 이렇게 말한다면 아이의 반응은 어떨 것 같은가? 특별히 아이가 자존심을 내세워야 하는 상황이 아니라면 아이는 엄마와 튕겨 나가지 않는 대화를 주고받게 될 것이다. 아이 입장에서는 여전히 손님이 궁금하고 그 분위기에 동참하고 싶지만, 그래도 아이는 엄마를 이해할 수 있는 정보가 생겼기 때문에 기분 좋게 알았다고 고개를 끄덕일 것이다. 그리고 엄마가 제시한 대안처럼 엄마 옆에 앉든가 아니면 방해되지 않도록 기분 좋게 행동에 변화를 줄 것이다.

학교에서 아이들의 대화패턴이나 습관을 살펴보면 대부분 너-전달법의 말을 하고 있음을 알 수 있다. 그래서 6학년 아이들에게 나-전달법을 알려줬던 적이 있다.

다음과 같은 상황을 예로 들었다.

방과 후 친구와 놀다가 너무 늦게 귀가했다. 조용히 집으로 들어왔는데 엄마가 큰소리로, '너 왜 이제 와! 어디서 뭐하다가 늦은 거야!' 소리치면 어떤 기분이 들겠는가를 먼저 물어보았다. '엄마가 소리치면 가방 던지고 다시 나가고 싶어져요.', '화가 나서 가출하고 싶어질 거예요.' 식의 반응이 목소리 큰 남학생들 사이에서 튀어나왔다. 그래도 아직은 초등학생인데 그런 반응에 깜짝 놀랐다.

다시 질문을 했다. 화를 내는 엄마의 마음은 어떨까? 어떤 생각을 하며 야단을 칠까?

'나를 미워하는 생각', '한심하다는 생각', '속았다는 생각', '약오른다는 생각', '속상하다는 생각' 등 그 대답은 다양했다. 아이들은 엄마의 화난 속마음을 이해하지 못하고 있었다.

그래서 화가 난 쪽이 아니라 화나게 만든 쪽에서 먼저 나–전달법으로 대화해보자고 아이들에게 제안했다.

– 엄마가 이렇게 화를 내시니까(상황표현) **죄송하다고 말하려 했던 기분이 싹 사라지고**(영향) **다시 나가고 싶어져요**(기분표현).

나–전달법의 핵심요소 3가지는 다 포함이 되었는데 이렇게 제안하고 보니 그 말을 듣는 엄마는 분명히 더 화를 내실 것이라는 의견에 모두 동의했다. 그래서 좀 더 부드럽게 바꾸었다.

– 나 늦은 것 때문에 엄마 화난 거 알아. 친구랑 놀다 시간 가는 줄 몰랐어. 엄마 화나는 건 이해하는데 엄마가 화를 내니까 말을 못하겠어. 내가 잘못했지만 엄마가 화를 내면 나도 화가 날라 그래.

이 정도로 말하려면 상당히 수준이 있어야 되지만 아무튼 이렇게 말하면 엄마의 기분이 누그러질 것이라는 데 의견을 모았다.

몇몇 아이들이 이런 대화법에 공감하고 집에서도 실천하는 것 같았다. 그러나 아이들이 장난스럽게 했는지 아니면 잘 표현을 못했는지 모르겠지만 화내는 부모의 대화습관을 바꾸기엔 너무 일방적이고 일시적인 노력 같았다. 부모의 화를 받아내는 아이들 쪽에서 먼저 대화습관을 바꾸면 부모의 대화습관에도 변화가 일어날 것이라 기대했던 것은 무리였다. 아이들은 나−전달법의 전도사가 되어 부모에게 전했지만, 부모의 반응은 뜻밖인 경우가 많았다.

어떤 아이는 내게 와 이렇게 말했다.

– 선생님, 우리 엄마가 귀찮다고 다 집어치우래요.

가족이 변하려면 부모가 먼저 변해야 했다. 부모가 먼저 나의 말이 아이에게 어떻게 상처를 주는지 알아야 했고, 잘못 형성된 대화습관이 소모적이고 비극적이라는 것을 깨달아야 했다. 부모는 자식의 거울이기 때문이다. 부모가 문제를 공감하고 변화를 주도할 때 비로소 아이들이 바뀔 수 있다.

그래서 부모에게 공을 들여 대화의 습관을 바로잡아야겠다는 생각을 했다. 필자는 어머니들을 상대로 교육을 시작했다. 상담실에서 '더 좋은 부모 되기'라는 프로그램을 만들어 4회기 과정으로 연중 실시했다. 어머니들은 모두 그런 현실적인 문제에 공감하고, 해결해야 할 필요성을 느끼고 있었다. 어머니들이 어려워했던 부분은 나-전달법을 실생활에 응용하는 것이었다. 하루에도 무수히 많은 일이 일어나지만 그때마다 대처해야 하는 말을 찾아내기 어려웠던 것이다.

그 부분까지 일일이 곁에서 코칭 할 수 없기 때문에 좀 더 마음에 쉽게 다가오는 단순하고 명쾌한 원리는 없을지 고민했다. 화를 내기 직전의 상황에서 재빨리 핵심을 생각해내 사용할 수 있는 무언가가 필요했다.

필자는 그동안 교육학, 심리학, 복지학에서 사람과 관련한 이론을 현장에 적합하게 적용하는 일에 주로 관심을 가져왔다. 그리고 학교 상담 활동을 통해 무엇이 아이들을 변화시키는지 결정적인 요소들을 찾아보았다. 결국은 대화를 통해 마음이 열리기도 하고 닫히기도 하는 것을 확인하였다. 하지만 그 대화가 흔히 사용하는 타이름, 설득, 권면, 훈계 등에서 쓰는 대화패턴으로는 진정한 변화를 이끌어내기가 쉽지 않음을 발견하고 몇 가지 원리를 정리하였다.

그것은 욕구와 당위성의 순서 스위치 원리, 윈디와 써니 원리,

명지강은 No, 인격질은 Yes 원리이다. 그 핵심이 되는 정신은 모두 같은데 표현법에 있어서 순서를 어떻게 하느냐에 따라 아이들의 마음을 얻기도 하고 잃기도 한다.

마음을 얻지 못하면 관계맺기에 성공할 수 없다. 특히, 10대 청소년들과의 관계맺기, 지도하기, 사랑하기 등이 중요한 전략이 되어야 한다. 따라서 관계맺기 대화에서 꼭 필요한 것은 스위치 원리의 적용이다.

그동안 생활지도를 할 때 애는 애대로 쓰면서 효과가 적어서 '요즘 아이들이 왜 이러지?' 했던 한탄은 이제 내려놓자. 이 기회에 완전히 바꾸어보자. 이 원리만 확실히 체득을 하면 아이들과 교사가, 부모와 자녀가 다 함께 행복한 가정과 교육현장이 될 것이다.

스위치 원리
– 먼저 욕구를 인정한 다음 질문을 통해 당위성을 이끌어내는 대화

욕구를 먼저 인정해주면 이해받았다는 느낌으로 기분도 좋아지고 말도 잘 듣고
싶어진다.

살아있는 사람은 모두 욕구가 있다. 욕구(needs, desire, want)는
사람을 살아있게 하는 원동력이다. 매슬로우(A. Maslow)는 생존의
욕구부터 자아실현의 욕구까지 위계로 설명하였다. 하위욕구가
충족되어야지만 상위욕구 충족을 기대할 수 있다는 말이다.

그런데 현실요법의 창시자인 글래써(W. Glasser)는 인간은 누구
나 기본욕구(5 basic needs)가 있어서 그 욕구를 충족시킬 때 진정
한 행복이 있다고 말하였다. 인간의 행동을 분석하면 그 기본욕
구 중에 어느 한 가지 또는 몇 가지를 충족하기 위한 동기에서 출
발한 것이라고 말하였다.

글래써의 기본욕구는 학교현장에서 아이들의 행동을 이해하

고 지도하는 데 매우 도움이 된다. 아이들의 행동이 옳든 옳지 않든 그 결과를 따지기에 앞서서 어떤 욕구가 그 아이로 하여금 그러한 행동을 하게 했는지를 이해하는 데에 도움이 된다. 즉, 욕구 충족적인 행동 이해에도 도움이 되고 선택과 책임의 생활지도에도 매우 탁월한 배경이론이 된다.

글래써는 다섯 가지 기본욕구를 생존과 안전(survival)의 욕구, 사랑과 소속(belonging)의 욕구, 자유로움(freedom)의 욕구, 즐거움(fun)의 욕구, 힘(power)의 욕구로 설명하였다. 예를 들어, 쉬는 시간이 되면 아이들은 마음껏 뛰고 수다 떨고 즐겁게 지내야 다음 수업에 또 긴장할 수 있다. 그런데 진도가 떨어졌다고 또는 성적을 올린다고 쉬는 시간도 안 주고 공부만 시킨다면 절대로 효과를 거두긴 힘들다. 왜냐하면 쉬는 시간엔 자유를 즐겨야 한다. 친한 친구와 수다를 떨며 느꼈던 즐거움과 자유로움과 소속감의 욕구, 아이들이 자기 이야기에 집중하고 감탄했다면 힘의 욕구 등이 충족되었다고 할 수 있다. 만일, 쉬는 시간을 주지 않고도 아이들이 행복감을 누리게 해줄 수 있는 전략이 있다면 모를까 쉽지는 않은 일이다.

반면 당위성은 '마땅히 ○○○ 해야 한다.'는 식으로 표현된다. '뛰지 마라, 아껴 써라, 인사해라, 조용히 해라, 숙제해라, 정직해

194

라, 싸우지 마라' 등 귀에 못이 박히도록 들어왔던 말이다. 그 말의 이면엔 '뛰고 싶었고, 돈을 실컷 써보고 싶었고, 인사는 하기 싫었고, 떠들고 싶었고, 숙제는 적당히 빼먹고 싶었고, 적당히 거짓말을 하고 싶었고, 싸우고 싶었고' 등의 '○○○ 싶었다.'는 욕구가 내재되어 있다.

욕구와 당위성은 늘 충돌하게 되어 있다. 이것이 인간의 본성이다. 사회생활에서 필요한 자기조절력을 길러야 하는 이유는 바로 외부 세계와 조화롭게 어울려야 하기 때문이었다. 그런데, 앞에서도 말했지만 '옳은 말을 기분 나쁘게 한다.'는 것은 바로 욕구와 당위성에서 순서 스위치가 안 되었다는 말이다.

가령, 늦잠을 자는 자녀에게, '빨리 일어나! 네가 지금 늦잠을 자야 할 때냐? 4당 5락 몰라?' 하고 말했을 때와 '우리 딸, 얼마나 피곤할까? 지금 일어나야 할 시간인데 어쩌지? 시간을 붙잡아 매고 싶구나!' 하고 말했을 때를 비교해보자. 딸아이의 기분은 어떨까?

배고파 들어온 아들이 '엄마 배고파, 라면 좀 끓여 줘요.'라고 말했는데, '라면 같은 소리 하고 있네, 밤에 라면 먹으면 얼굴 붓고 졸린데 공부가 잘되겠니?' 하는 것과 '배 많이 고프니? 라면 생각나는구나? 밤에 라면 먹으면 후회할 텐데……. 괜찮겠어? 라면 말고 밥도 있어.' 하는 것. 이 두 대답은 아들의 기분을 전혀 상반되게 만들 것이다.

부모나 교사가 하는 말은 다 옳은 말이다. 그 옳은 말이 효과를 발휘하려면 기분 좋게 말해야 한다. 기분을 좋게 하려면 바로 욕구를 먼저 인정해주어야 한다. 당위적인 것은 그 후에 말을 해주든지 질문을 하면 된다.

위 두 예시에서 당위적인 것은 일찍 일어나는 것과 라면을 먹지 않는 것이다. 두 부모의 말은 모두 옳다. 차이가 있다면 자녀의 욕구를 알아채서 반영을 해주었느냐와 무시했느냐의 차이이다. 누가 기분이 나쁘겠는가?

기분이 좋아야 부모나 선생님의 말을 잘 듣는다.

당위적인 것을 먼저 강조하면 부담을 느끼고 피하고 싶다. 하지만 욕구를 먼저 인정해주면 이해받았다는 느낌으로 기분도 좋아지고 말도 잘 듣고 싶어진다. 이것이 바로 당위성과 욕구를 스위치해서 말하는 원리이다.

그럼, 다음과 같은 상황에서 어떻게 말을 해주면 기분도 좋아지고 기대효과도 거두겠는가? 욕구도 찾아주고 당위성도 찾아주면서 스위치해서 말해보자.

〈수업 중에 잡담을 한 똑똑이에게〉

- 똑똑아, 선생님의 설명을 듣기보다 네 맘대로 자유롭게 말하고 싶었구나. 그런데 지금 상황이 어떤 상황인지 알 수 있지?
- 똑똑아, 급한 상황이 아니라면 선생님 설명을 먼저 듣고 말하면 안 될까?
- 똑똑아, 매우 급한 이야기인 모양인데 네 얘기 끝날 때까지 내가 좀 기다려줄까?

이 정도로 하면 교사도 화를 낼 일이 없고 똑똑이는 민망해서 바른 자세를 갖는다. 기분 나쁠 일도 없다.

반면, 똑똑이 너 조용히 못 해! 누가 공부시간에 잡담하라고 했어. 나중에 얘기해도 되잖아! 이렇게 하면 똑똑이는 기분 나쁘고 (경우에 따라선 뒤에 가서 욕하기도 한다) 선생님은 화가 나서 수업진행을 매끄럽게 이을 수 없다.

기억하자! 문제 행동이 보일 때 욕구를 먼저 이해해주고 당위적인 것은 질문을 통해 이끌어내기! 이것이 당위성과 욕구의 스위치 대화 원리이다.

긍정적 기대와 라포르

의사소통 심리학자 메라비안의 연구 결과는 널리 알려져 있다. 사람들의 의사소통 과정을 분석한 결과 말하고자 하는 핵심 메시지는 단지 7% 밖에 되지 않는다고 했다. 나머지 93%는 어조, 표정, 몸짓(제스처), 분위기 등이었다. 그중에 어조나 표정이 38%이고, 몸짓(제스처)이 55%나 된다고 했다.

가령, 주차장에 세워 둔 앞차 주인에게 차 좀 빼달라고 부탁해야 할 때를 예로 들어보자.

'차 좀 빼줘요.' 하고 퉁명스럽게 말하면 기분이 나빠서 바로 빼주고 싶은 마음이 사라질 것이다. 운이 안 좋으면 언쟁이 일어날 수도 있다. 그런데, '차 좀 빼주시면 좋겠어요.' 하고 부드러운 어조와 간절한 표정으로 말하면 '아, 예 죄송합니다. 바로 빼드리죠.' 이런 반응이 올 것이다. 차를 빼달라는 메시지의 내용은 같은데 어조와 표정 그리고 말하는 분위기에 따라 결과는 이렇게 달라지는 것이다.

대화가 잘 되는 비결은 의외로 간단하다. 그것은 바로 말하는 순서를 스위치하는 것이다. 일반적으로 어른들이 보기에 아이들의 문제 되는 행동은 거의 욕구 표출과 관련된 경우가 많다. 아이들은 자신의 욕구를 마음껏 표출했을 뿐인데 어른들이 제재하고 통제하니까 반항하는 것이다. 아이의 반항을 다시 한 번 강한 힘으로 누르려고 하는 어른들은 실수를 연발하는 꼴이다.

아이들의 자제력은 아직 훈련되지 않았고 안정감이 없어서 좌충우돌하는데 어른들은 너무 수준 높은 것을 요구할 때가 많다.

교사나 부모의 당위성 강조와 아이들의 욕구 충족 행동이 늘 이런 식으로 충돌을 일으키는 것이다.

아이들의 문제 행동을 지도하고자 한다면 반드시 그 내면의 욕구를 먼저 살펴봐야 한다. 당위적인 행동 요구는 그다음에 해야 한다. 그것도 질문 기법으로 하면 더욱 효과적이다.

같은 상황에서 일반 대화와 스위치 대화를 비교해 보겠다.

〈상황1〉 연못 속 잉어를 향해 돌을 던지는 남자 아이를 발견한 경우

- 일반 대화 : 얘(인마)! 물고기에게 그렇게 돌을 던지면 어떡해? 너도 돌에 맞으면 좋겠어? (당위성 강조, 욕구 무시)
- 스위치 대화 : 움직이는 물고기에 돌을 맞혀보고 싶었구나. 그런데 돌에 맞은 잉어가 얼마나 아플 지는 상상해 봤어? (돌을 던지는 행위는 욕구의 표현, 잉어의 아픔은 도덕적 판단, 욕구 인정, 당위성 질문)

〈상황2〉 동생과 함께 잘 놀라고 했더니 울려 놓고 모른척하는 아이

- 일반 대화 : 넌 또 왜 동생을 울리니? 언니 노릇 좀 잘해 봐! (언니의 감정 – 내가 울렸어? 지가 우는 거지. 엄마는 맨날 나만 보고 뭐라고 해!)

• 스위치 대화 : 동생을 돌봐 주는 거 쉽지 않지? 나가 놀고 싶구나. 동생이 왜 우는 것 같아? (자유롭고 싶은 욕구 인정, 동생의 마음을 이해하고 배려하도록 질문)

두 스타일 중 어느 쪽이 더 마음을 바꾸고 행동을 멈추는 데 도움이 될까? 물론 스위치 대화 쪽이다. 스위치 대화는 라포르(rapport)를 형성하는 데 매우 효과적이다. 대화에서는 교감 형성이 잘 되어야 한다. 라포르의 원래 의미는 '다리'라고 한다. 대화 상대인 둘 사이에 다리가 놓여야 감정도 흐르고 생각도 알게 되고 내용도 파악하면서 의사소통이 되는 것 아니겠는가! 그런 의미에서 대화에서의 스위치 원리는 관계 형성과 관계 유지의 필수 조건이다. 특히, 바람직한 습관 형성이나 행동 개선을 원하는 대화에선 더욱 그렇다.

긍정적 기대와 로저스

아이가 문제 행동을 일으킬 때 당위적인 것을 먼저 요구하면 아이는 부담을 느끼게 되고 마음을 닫는다. 이미 아이는 다 알고 있다. 어떻게 해야 하는지. 그런데 욕구가 우선 되다 보니 행동이 잘 안 따를 뿐이다. 지금 못마땅하더라도 기대하면서 기다리고 인정해야 한다. 그래야 잘 자란다. 조금 마음에 들지 않는다고

심하게 꾸중하거나 믿어주지 않으면 아이들은 반발심이 생겨 엇나갈 수 있다. 아이에게 긍정적인 기대를 하는 것, 이것은 부모와 교사가 해야 할 가장 중요한 역할이다.

긍정적인 기대란 지금 현재의 모습보다 앞으로 더 잘 될 것이란 믿음을 가지는 것이다. 단 진심을 담아서 그러한 믿음을 전달하는 것이 중요하다.

유명한 인간 중심 상담이론의 창시자인 로저스(Carl Rogers)는 아동(유기체)을 신뢰하는 상담자의 자세를 강조했다. 로저스 본인도 그 내용과 일치하는 상담자의 삶을 살았는데 그중에서 '내담자를 무조건적으로 긍정적으로 존중하라(unconditional positive regard)'는 항목이 있다. 이것이 바로 긍정적 기대의 핵심이다. 그는 인간 중심 교육을 주장한 교육자이기도 했는데 끊임없이 아동(유기체)의 인격존중, 긍정적 존중, 기대 등에 대해 강조하고 있다.

'교육의 비결은 학생을 존중하는 데 있다(Ralph Waldo Emerson)'

긍정적 기대와 명판결

인간에 대한 긍정적 기대를 하게 되면 사람을 대하는 태도가 달라진다. 비록 죄인들을 다루는 재판정의 법관일지라도 인간에 대한 긍정적인 기대를 하는 법관의 판결은 다르다. 얼마 전(2012. 4) 인터넷에 올라온 '감동적인 판결 스토리'를 읽고 이렇게 따스한 법관이 있었다니! 놀란 적이 있다. 그 이야기를 여기에 옮겨본다.

– 자, 날 따라 힘차게 외쳐 봐. 나는 세상에서 가장 멋지게 생겼다.

예상치 못한 재판장의 요구에 잠시 머뭇거리던 A양이 나직하게 '나는 세상에서…….' 라며 입을 뗐다. 김 부장판사는 다시 '내 말을 크게 따라 하라'고 했다.

– 나는 무엇이든지 할 수 있다. 나는 이 세상에 두려울 게 없다. 이 세상은 나 혼자가 아니다.

큰 목소리로 따라 하던 A양은 '이 세상은 나 혼자가 아니다'라고 외칠 때 참았던 울음을 터뜨렸다. 법정에 있던 A양 어머니도 함께 울었고, 재판 진행을 돕던 참여관, 실무관, 법정 경위의 눈시울도 빨개졌다.

A양은 작년 가을부터 14건의 절도·폭행을 저질러 이미 한 차례 소년 법정에 섰던 전력이 있었다. 법대로 한다면 '소년보호시설 감호위탁' 같은 무거운 보호 처분을 받을 수 있는 상황. 그러나 김 부장판사는 이날 A양에게 아무 처분도 내리지 않는 불(不)처분 결정을 내렸다. 그가 내린 처분은 '법정에서 일어나 외치기' 뿐이었다. 그

가 이런 결정을 내린 건 A양이 범행에 빠져든 사정을 감안했기 때문이다. 작년 초까지만 해도 반에서 상위권 성적을 유지하던 A양은 간호사를 꿈꾸던 발랄한 학생이었다. 그러나 작년 초 여러 명의 남학생에게 끌려가 집단폭행을 당하면서 삶이 바뀌었다. A양은 당시 후유증으로 병원 치료를 받았고, 충격을 받은 어머니는 신체 일부가 마비되기까지 했다. 죄책감에 시달리던 A양은 학교에서 겉돌았고, 비행 청소년과 어울리면서 범행을 저지르기 시작한 것이다. 김 부장판사는 법정에서 말했다.

— 이 아이는 가해자로 재판정에 왔습니다. 그러나 이렇게 삶이 망가진 것을 알면 누가 가해자라고 쉽사리 말할 수 있겠습니까? 아이의 잘못이 있다면 자존감을 잃어버린 겁니다. 그러니 스스로 자존감을 찾게 하는 처분을 내려야지요.

눈시울이 붉어진 김 부장판사는 눈물범벅이 된 A양을 법대(法台) 앞으로 불러 세웠다.

— 이 세상에서 누가 제일 중요할까. 그건 바로 너야. 그 사실만 잊지 않으면 돼. 그러면 지금처럼 힘든 일도 이겨낼 수 있을 거야.

그러고는 두 손을 쭉 뻗어 A양의 손을 꽉 잡았다.

- 마음 같아선 꼭 안아주고 싶은데, 우리 사이를 법대(法台)가 가
로막고 있어 이 정도밖에 못 해주겠구나.

이 재판은 비공개로 열렸지만 서울가정법원 내에서 화제가 되
면서 뒤늦게 알려졌다. 법정에 있던 A양의 어머니도 펑펑 울었
고, 재판 진행을 돕던 법정 관계자들의 눈시울도 빨개졌다. 법정
에서 울음을 터뜨린 소녀의 미래가 앞으로 어떻게 전개될지는 아
무도 모른다. 그러나 분명한 건 그녀에게 진정으로 필요했던 건
보호 감호라는 법적인 처분보다 자존감을 살리는 자신을 향한 외
침이었을 거라는 것이다.

"일어나서 힘차게 외쳐라!"

정말 아름다운 명판결이었다. 이렇게 아름다운 판결이 나온 이
유는 바로 김귀옥 판사의 마음이 A양에 대한 긍정적 기대로 가득
차 있었기 때문이다. 참으로 귀한 법관이다. 원래 가능성이 많았
던 A양. 그대로 자라서 성실의 열매를 거두면 멋진 간호사가 될
수 있었던 소녀, 그런데 그만 한 번의 실수로 사건의 가해자가 되
고 삶을 포기할 뻔했던 소녀, 그 소녀의 잠재 능력을 발견하고 다
시 기회를 주면 일어설 수 있을 것이란 소중한 믿음과 긍정적 기
대 때문이 아닐까 싶다.

잠깐의 실수나 판단 미숙으로 인한 결과에 대해 법의 잣대로
형벌을 내렸다면 A양은 어떻게 되었을까? 그것이 과연 법의 공

정성일까? 이 따스한 장면을 연상하면서 감동의 여운을 음미하느라 며칠을 행복하게 보냈던 기억이 지금 새롭다. 아이들을 존중할 때 그것을 가장 먼저 아는 사람은 아이들이다. 아이들은 자신이 존중받고 있다고 느낄 때 바르게 자랄 수 있다.

　습관을 바꾸려면 먼저 원리를 적용할 상황을 만나야 되고, 두 번째 그 상황을 만났을 때 기존의 습관을 내려놓아야 한다. 기존의 습관은 너무나 쉽게 툭 튀어나올 수 있다. 그것을 방지하기 위해선 '3초 STOP'이 필요하다. 어색하지만 새로운 습관을 연습해야 한다. 이것이 거듭되면 숙달(mastery)의 단계에 이르게 된다. 일단 숙달이 되면 새로운 습관으로 자리 잡는 것이다. 그렇게 되면 또 다른 새로운 습관을 들일 기회를 찾게 된다. 그러면서 성숙한 개인으로 거듭난다.

　필자는 파레토 법칙[1]을 매우 의미 있는 발견이라고 생각한다. 80:20의 법칙이라고도 하는 이 법칙을 생각하면 언제나 위로가 되고 힘이 난다. 기업의 경우 전체 20%의 상품군이 전체 매출의 80%를 차지한다. 인터넷 쇼핑몰의 경우 매출액의 80%를 20%의 VIP 고객에게 의존한다. 개미들도 열심히 일하는 개미는 20%이고 나머지는 놀거나 설렁설렁 일한다고 한다. 이런 논리의 방식

---

1) 파레토(Vilfred Pareto. 1848-1903). 이탈리아의 경제학자이자 사회학자로 구성원의 20%가 80%의 일을 감당한다는 법칙을 발견함

대로 생각해보면 이런 결론을 이끌어낼 수 있을 것 같다.

20%의 스위치 대화는 80%의 행동 변화를 가져온다.
좋은 학급 분위기의 80%는 성실한 20%의 아이들이 담당한다.
조직구성원 중 20%의 충성된 일꾼들이 전체 일의 80%를 감당한다.

이 원리는 100%의 성과를 눈앞에서 보고자 하는 완벽성향을 가진 이들에게 도움이 된다고 생각한다.

이 원리를 성경에서 찾는 사람들도 있다. 구약의 레위기에는 추수할 때 밭의 네 귀퉁이는 남겨두라는 구절이 있다. 그것은 가난한 자들을 위한 몫이라는 것이다. 수학적으로 계산해보면 여기서도 개략 80:20의 법칙이 성립한다. 즉, 80%는 내 몫이고 20%는 가난한 자의 몫으로 두라는 의미이다. 조선시대 거상이었던 임상옥은 계영배(戒盈盃)를 사용해서 자신이 혹 상거래 과정에서 과욕을 부리게 되지 않을까 늘 경계를 했다고 한다. 계영배는 '가득 참을 경계하는 잔'이란 의미로 그 잔의 70%가 넘으면 밖으로 넘쳐흐르도록 고안된 잔이라고 한다. 70%만 내 몫으로 하고 나머지는 백성들의 몫으로 한다는 상도와 원칙이 물질만능의 사회인 요즘 매우 귀하다고 생각한다.

윈디(windy) 원리 써니(sunny) 원리

자기를 귀하게 여겨주는 사람에게 귀한 대접을 하고 싶은 법이다.

'윈디와 써니'란 말을 들으면 무엇이 연상되는가? '써니'라고 하면 여고시절을 다룬 영화 〈써니〉를 연상할지 모른다. 아쉽지만 여기서의 써니는 그 써니가 아니다. '바람과 태양'이란 이솝우화는 너무나 유명해서 모르는 사람이 없을 것이다.

어느 날, 바람과 태양이 내기를 했다. 지나가는 나그네의 외투를 벗기는 쪽이 이기는 내기였다. 바람이 먼저 자신이 이길 것을 확신하며 의기양양하게 제안한 내기였다. 바람의 제안에 태양은 빙그레 웃으며 동의했다. 결과는 태양의 승리였다.

바람과 태양의 전략은 달랐다. 바람의 전략은 강하고 거친 바람을 이용해 강제로 나그네의 외투를 벗겨내는 데 있었다. 태양의 전략은 나그네 스스로 외투를 벗게 하는 데 있었다. 바람의 전략은 실패했다. 나그네가 외투를 더 단단히 여미게 만들었다. 반면, 태양의 전략은 성공했다. 나그네는 너무나 더운 나머지 스스로 외투를 훌훌 벗었다. 벗기만 했을까? 연못으로 풍덩 뛰어들어가기까지 했다.

사람의 변화도 마찬가지다. 누군가 변화를 목 놓아 부르짖고 강요한다고 해서 변화되는 것이 아니다. 스스로 그것을 깨닫는 순간 변화는 자연스럽게 찾아온다. 많은 사람들이 그래야겠지만, 특히 부모와 교사는 이 이야기가 담고 있는 교훈을 지혜로 삼아야 한다.

윈디원리는 외부통제로 아이를 변화시키려고 하는 접근법이고, 써니원리는 진정으로 내면으로부터 변화를 끌어내려고 하는 접근법이다.

아이들의 행동이 마음에 안 들면 자칫 큰소리로 명령하기 쉽다. 기대하는 행동 변화를 보이지 않으면 더 화가 나고 거칠어진다. 그것이 상대방과 자신에게 아무런 도움이 안 되는데도 말이다. 소리치며 화내는 것은 상대방을 인격적으로 인정하지 않는 태도다. 비록 말을 배우기 전의 어린 아이일지라도 자신을 귀하게 대하는지 무시하면서 대하는지 민감하게 알아차린다. 자아가 형성되어 자기만의 생각과 의견을 가지고 있는 아이들을 억압하며 대하는 것은 비인간적인 지도방법이다.

이런 활동을 통해서 교육의 정의와 목표를 다시 한번 되돌아보게 되었다. 일반적으로 알고 있듯이 교육의 목표는 '바람직한 인간 행동의 지속적인 변화'이다. 지속적으로 변화되고 유지되어야 교육의 효과가 나타난다고 할 수 있는 것이다. 써니식 접근은 교육의 목표에 도달하기 위해 꼭 필요한 지도방법이다.

자, 이제 대화를 나눌 수 있는 환경은 만들어졌다. 그럼 어떻게 대화할 것인가가 남았다. 아이에게 말하는 대화 패턴이 여전히 명령, 지시, 강요에 지나지 않는다면 교사는 아직 회초리를 들고 있는 것과 다름없다. 회초리가 아닌 대화를 통해 생활지도를 하기 위해선 대화기술을 연마해야 한다.

아이들에게 물었다. 쉬는 시간에 복도에서 신나게 뛰다가 교사에게 들킨 상황이다. 교사가 윈디식으로 지도할 때와 써니식으로 지도할 때 아이들은 어떤 느낌이 들까?

윈디식 접근의 말 : 너 이리 와봐, 몇 반이야?
　　　　　　　 너희 선생님께 넘겨도 되겠니?
　　　　　　　 복도에서 뛰면 벌점 몇 점이야?
　　　　　　　 여기 가만히 서 있어, 누가 복도에서 이렇
　　　　　　　 게 뛰라고 그랬니?
　　　　　　　 그렇게 뛴다고 무너지겠니?
　　　　　　　 아주 백 미터 달리기를 해라.

또 너야? 너 지난번에 반성문 썼던 아이
맞지?
넌 발에 뭐가 달렸니?

아이들의 느낌 :　　창피하다.
　　　　　　　　　도망가고 싶다.
　　　　　　　　　숨어버리고 싶다.
　　　　　　　　　당황스럽다.
　　　　　　　　　난 찍혔다.
　　　　　　　　　짜증난다.
　　　　　　　　　난 이제 죽었다.

써니식 접근의 말 :　체육 시간에 많이 못 뛰어놀았나 보구나?
　　　　　　　　　마룻바닥이라 많이 미끄러우니까 조심하자.
　　　　　　　　　과속하다가 누구랑 부딪히기라도 하면 어
　　　　　　　　　쩌려고. 과속 딱지 안 끊고 보내는 거 선
　　　　　　　　　생님도 걸리면 경고 먹는 거 알지? 언제
　　　　　　　　　선생님하고 운동장서 달리기 시합 한번 하
　　　　　　　　　자. 아이스크림 내기.

아이들의 느낌 :　　혼나는 느낌이 안 든다.
　　　　　　　　　기분이 좋다.
　　　　　　　　　존중받는 느낌이 든다.

더 잘하고 싶다.
나의 행동에 대해 되돌아보며 생각한다.
좋은 다짐을 한다.

　이제 학교에서 회초리는 사라졌다. 회초리는 외부통제 방법의 대표적인 예이다. 학교에서 체벌이 사라지게 된 것은 서울의 경우 2010년도 이후부터다. 체벌을 금하게 되면서 교사들은 많은 어려움을 겪었다. 특히, 고학년 교사와 중고등학교에서 더 그랬다. 잘못된 행동에 대해서는 따끔하게 혼나야 한다. 물론 그 따끔함이 꼭 회초리일 필요는 없다. 하지만 아이들의 경거망동을 자제시킬 수 있는 교사들의 비장의 무기(?)이기도 했다. 체벌이 금지됐다는 매스컴의 보도와 학교마다 체벌금지조항을 담은 생활지도규정의 신설로 학교는 심각한 과도기를 겪어야 했다.

　회초리에 눌려 있던 아이들은 마치 자신들이 회초리를 쥐게 된 것인 양 착각했다. 그것이 아이들의 인권을 위한 일인지 아이들은 몰랐다. 누구도 교사의 손에 권력처럼 쥐어져 있던 회초리를 사라지게 할 것이라고 예상하지 못했다. 당연한 것이었기에 문제라고 생각하지 못한 아이들은 연일 매스컴에서 학교 체벌에 관한 문제가 이슈화되자 해방의 기분을 맛보았을 것이다. 많은 어른들이 나서서 학생을 옹호하고 있다고 여겼을 것이다. 당시 아이들에게는 교사는 폭군이었고 자신들은 폭군 정치의 희생자들 같았을 것이다. 그러나 아이들은 몰랐다. 몰아내야 할 것은 교사가 아니라 체벌이었으며, 지지하는 것은 학생이 아니라 아이들의 인권이었음을. 어른들이 주장하는 것은 교사와 학생 사이의 역전이 아니라 교사와 학생 사이의 변화라는 것을!

'체벌금지', '교사징계'라는 자극적이고 단편적인 보도들이 아이들의 어설픈 생각들을 더욱 부추겼다. 아이들은 교사 위에 올라서려고 했고, 일부 중학교에서는 교사를 몰아내려고 했다. 아이들은 자신들의 인권만을 주장하며 잘못된 생각을 키우고 또 키웠다. 이제는 교사들이 학생을 무서워하는 시대로 역전됐다고 착각하며 교사들에게 반항하고 교사들을 무시했다. '내가 무슨 짓을 해도 날 때릴 수 없을걸.' 이런 마음으로 교사를 대하는 버릇없는 학생들이 늘어났다. 오죽하면 '교사도 학교가 겁난다.'는 말까지 생겨났을까!

한참 그렇게 힘든 과도기가 지났다. 이제 서서히 변화가 일어나고 있음을 느낀다. '따끔하게 회초리 맛'을 보여주지 않아도 대화를 통해 문제를 해결하고자 하는 변화를 필자는 감지하고 있다. 학생과 학부모로부터 어이없는 일을 당하면서도 규정을 지키며 인내하고 견딘 결과, 회초리가 사라지고 대화와 대체 벌만으로도 그릇된 행동을 통제하게 된 것이다.

이런 변화를 이끌어내기까지 교사들은 무던히도 인내했다. 일부 몰지각한 학부모가 학교를 흔들어놓을 때, 교육지원청도 학교도 당할 수밖에 없었다. 이토록 무력한 상황에서 수없이 자존심이 상하면서도 참아야 했다. 권위를 잃은 공교육의 무력함을 한탄하며 서로를 위로하면서 한마음으로 힘을 모았다. 그것이 어디 쉬운 일이었겠는가. 교사들의 노력을 현장에서 지켜봤기 때문에 진정으로 모든 교사들의 인내와 수고에 박수를 보내고 싶다.

어떤 교사가 우스갯소릴 한 적이 있다.

요즘 학원에선 '여기가 학교인 줄 아느냐?'란 말이 오간다고 한다. 학교와 학원은 그 출발 동기와 존재 목적부터 다르다. 학원에선 공부를 안 하고 버릇없이 구는 아이들에게 회초리를 대도 부모가 항의하지 않는다는 것이다. 오히려 부모들은 은근히 그렇게라도 해서 자녀의 성적을 올려주길 바란다는 것이다. 씁쓸하지만, 체벌을 사용하지 않고 대화를 통해 행동수정이 되는 학교사회야말로 써니원리를 통해 변화를 기대하는 성숙한 사회일 것이다.

교실에 내리쬐는 햇볕

많은 교사들이 과중한 업무 속에서도 본연의 임무인 아이들과의 소통에 충실하기 위해 노력한다. 후배 교사 중 하나는 아이들과 깊이 있는 상호작용을 하기 위해 스토리텔링 자료를 준비해 수업에 임한다. 그리고 TV나 인터넷 같은 영상매체 자료를 줄이려고 애를 쓴다. 영상자료는 아이들의 이목을 끌고 순간 집중하게 하는데 탁월하나, 교사와 아이 간의 눈 마주침의 시간을 그만큼 앗아가기 때문이다. 대신 교사의 발문과 아이들의 답변으로 수업의 흐름을 주도하려고 한다.

한때는 영상자료를 많이 보여주는 교사가 유능하고 성의 있는 교사라고 인식되기도 했었다. 하지만 요즘은 소통을 중요하게 여기는 교사가 유능한 교사다. 어른들이 잘못 심어준 습관이 아이들을 영상매체에 길들여지게 한 것이다. 영상에 의존하지 않고도 아이들은 기본적으로 수업에 몰입하는 자질을 갖추고 있다.

'요즘 아이들은 빠르고 자극적인 것에만 익숙해'라는 어른들의 하소연은 변명에 지나지 않는다. 영상에 길들여지게 한 것이 누구인가? 스토리텔링을 시도하고 대화법에 변화를 시도한 교사들의 열정은 아이들의 흥미와 집중력을 크게 향상 시켰다.

한편 교사들은 수업과 생활지도를 이분법적으로 생각하는 경향이 짙다. 수업 진행이 원활하기 위해서는 생활지도가 잘 되어 있어야 한다고 믿어 왔다. 대부분의 교사들이 수업보다 생활지도를 어려워했다. 그러나 그것은 교사들의 고정관념이었다. 교과교육과 생활교육을 분리해서 생각했던 것이다. 그러나 몇몇 사례를 살펴본 결과, 수업이 원만히 이루어지면 생활지도는 저절로 따라오는 것을 확인할 수 있었다. 닭이 먼저냐 계란이 먼저냐가 아니라 교과교육과 생활교육은 함께 이루어지는 것이다.

생활지도가 어렵다는 교사들의 이야기를 들어보면, 아이들의 행동 이면에 있는 심리적인 것들을 놓치고 있는 경우가 많다.

아이의 문제 행동을 이해하기 위해서는 몇 가지 체크해봐야 할 것들이 있다. 입학 이전의 가족환경, 부모의 양육 철학이나 양육 방식, 정서적 박탈 여부 등 환경을 살펴봐야 한다. 거듭 강조하지만 그런 것들이 이해되지 않으면 아이의 문제 행동만 확대되어 보인다. 이런 경우 아이는 이차적 피해를 입게 된다. 스스로를 소중한 존재가 아니라고 인정해버리고 자신감, 자존감, 효능감을 상실해버린다. 성향이나 기질에 따라 무력한 아이가 되든지, 돌출행동을 일삼거나 공격적인 아이가 되는 것이다.

수업을 매우 잘함으로써 생활지도는 더불어 잘되게 하는 K교사가 떠오른다.

아이와의 소통을 중시했던 그 교사의 수업에서는 한 명의 아이도 소외되거나 소극적인 모습을 보이지 않았다. 교사의 잘 계획된 발문과 멘트에 따라 아이들은 생기 있는 반응을 했다. 주어진 과제를 해결하고 나면 새로 도전할 과제를 달라고 아우성이었다. 아이들은 의욕이 충만하고, 자신감 넘쳤다. 그동안은 뒤처져 소외되거나 자신감을 잃었던 아이도 성취감으로 행복해했다.

아이들의 변화는 아이와의 소통의 중요성을 알고 아이를 인정하고 이해하고 존중하는 교사의 신념에서 비롯된 것이다. 그 교사가 맡았던 모든 반에서 그런 변화가 일어났다. 아이들은 교사를 전폭적으로 신뢰하고 있었다. 선생님을 좋아하고 있음이 표정과 말에서 가득가득 피어올랐다. 교사가 아이를 신뢰하니 아이들도 교사를 신뢰하게 된 것이다. 그런 환경에서 아이들이 교사의 수업을 어찌 훼방 놓을 수 있단 말인가. 그 교사가 교실열기를 할 때마다 필자를 포함해 참관했던 교사들은 모두 감동을 받았다. 정해진 학습목표를 향해가는 과정에서 아이들의 심리적인 기대를 충족시키고, 개개 아이들의 존재감을 인정해주어서 아이들은 행복해했다. 공개수업을 마치면 그 반의 아이들은 모두 유능한 아이들이 되어 있다. 교사들은 먼저 교사의 교직관이나 아동관, 교육철학 등에 문제가 없는지를 스스로 점검해 봐야 한다. 자신의 문제나 한계를 인식하고 아이의 성향이나 사정을 고려하며 가르친다면, 모든 교사들이 충분히 수업활동의 연장선상에서 아이들의 인성교육과 생활교육을 훌륭히 소화해내리라 기대한다.

그 후배 교사의 지도방식이 바로 써니 스타일이라는 것을 눈치 챘는가. 비록 아이일지라도 노엽게 하거나 무시하면서 혼내면 반감을 가지게 된다. 써니 스타일로 말하게 되면 아이들이 존중받는다는 느낌을 갖는다. 누가 자기를 존중해주는 것을 느끼면 행동을 더 조심스럽게 하게 된다. 자기를 귀하게 여겨주는 사람에게 귀한 대접을 하고 싶은 법이다.

명지강은 NO!

명령, 지시, 강요가 습관이 되어 편하게 막 사용하다가는 큰코다친다.

이제 명령, 지시, 강요로는 안 바뀐다!

교사들이 아이들의 행동을 지도할 때 말하는 어조나 어투를 가만히 살펴보면 주로 많이 사용하는 것이 명령하거나 지시하거나 강요하는 것이다. 명령, 지시, 강요의 앞 글자를 따 명지강이라 이름 부르도록 하자. 명지강이 필요한 곳은 있다. 군대나 감옥 등 집단훈련을 할 때 또는 전시나 위기상황에선 필요하다. 그러나 평화로운 시대, 작은 규모의 모임이나 교실에선 이젠 필요 없다.

다음은 명지강식의 교실대화 예이다.

조용히 해!
모두 여길 봐라!
집중해!
이 휴지 좀 주워.

복도에서 뛰지 마!
줄 똑바로 서!
한 줄로 서서 가라!
숙제 안 해오면 혼난다.
계속 그런 식이면 엄마 부를 테다.

저학년 때는 이런 접근방식이 통할지 모른다. 하지만 고학년이 되면 다르다. 명지강식의 접근은 아이들을 튕겨 나가게 하고 아이들과의 관계를 어긋나게 만든다. 명령, 지시, 강요가 습관이 되어 편하게 막 사용하다가는 큰코다친다. 교사에 대한 아이들의 신뢰는 무너질 것이다. 요즘 아이들은 자기 마음에 들지 않으면 뭐든 하기 싫어한다. 지시받는 것을 대놓고 거부하기도 한다.

교사가 바뀌어도 교사의 환경이 바뀌지 않는다면 다시 원상태로 되돌아올 것이다. 업무가 많아 교재 연구할 시간이 없다는 교사들의 의견이 반영되어 행정팀을 따로 꾸린 학교도 있다. 교사들이 학급관리를 우선적으로 잘할 수 있도록 학교 측에서 배려한 것이다. 6학년 담임들에게는 아예 업무를 맡기지 않는 학교도 늘어나고 있다. 생활지도가 특별히 어려운 학년이라 재발 사안이 생기지 않도록 학급 경영만 잘해달라는 학교 측의 배려이다. 행정팀을 자원하는 교사들은 담임을 맡아 골치를 썩느니 차라리 담임을 안 하려는 생각까지 하는 실정이다.

시간은 없지, 업무는 밀리지, 명령하고 지시하고 싶은데 아이들은 꿈쩍도 안 하지, 점점 고학년을 기피하는 결정적인 이유다. 고시패스라고 할 정도로 어렵다는 임용고시에 당당하게 합격하고 발령받은 교사들이다. 교과내용이 어려워서 가르치기 힘들다는 말을 하는 교사는 한 명도 못 봤다. 그들이 힘들어하는 것은 생활지도다. 요즘 학교에서 인성교육을 강조하고 있지만 가정에서 훈련돼있어야 할 기본 인성의 결핍이 생활지도를 더욱 힘들게 한다.

인격질은 당연 YES!

인정과 격려는 성장과 성숙을 돕는다. 인정은 아이를 건강하게 자라나게 하는 일종의 영양분인 셈이다.

그러면, 아이들은 언제 교사의 말을 잘 들을까? 인정, 격려, 질문의 앞 글자만을 따서 인격질이라 부르겠다.

인정의 힘

비록 잘못했더라도 뭔가 인정을 받으면 사람의 마음은 움직인다. 잘했을 때는 칭찬이나 인정을 받고, 잘못했을 때는 격려 받기를 원한다. 어른이 보기엔 아주 조금 노력한 것이지만 아이들 입장에서는 많은 노력을 한 것일 수 있다. 아이들은 나름 노력을 했기 때문에 결과가 나쁘더라도 노력한 것은 인정해 주어야 하지 않느냐고 요구한다. 물론 고학년들이다. 이만큼 아이들은 인정받기를 갈망하고 있다.

〈우리 아이가 달라졌어요〉라는 TV 프로그램이 있다. 자녀양육으로 어려움을 겪는 부모를 위해 전문가를 초청해 코칭을 받고 양육 방식에 변화를 가져오도록 하는 프로그램이다. 거기서 아이를 달라지게 하는 요인들이 몇 가지 있는데 그중에 하나가 '인정'이다. 부모의 인정을 못 받은 아이들에게서 주로 문제 행동이 발생한다. 인정과 격려는 성장과 성숙을 돕는다. 인정은 아이를 건강하게 자라나게 하는 일종의 영양분인 셈이다. 모든 부모, 모든 교사가 기억해야 할 것은 아이는 칭찬과 인정으로 키워야 한다는 것이다.

아이들이 인정받으면서 변화되는 사례는 우리 주변에 무수히 많다. 소극적인 수업활동으로 전혀 입을 열지 않던 아이들이 관심을 가지고 인정을 해주고 용기를 불어넣어 주면 서서히 변하기 시작한다. 여러 친구들 앞에서 인정받게 되면 아이는 점차 자존감이 높아진다. 기가 살아난다는 표현이 적합할 것이다. 집단 속에서 묻혀 있던 아이들이 관심을 받게 되면 서서히 자신의 존재감을 확인하며 자신의 색깔을 드러낸다. 교실 안의 아이들은 저마다의 색깔로 이렇게 조화를 이루며 자라난다. 인정받으면 아이들은 꽃으로 피어난다.

내 기억을 되살려 봐도 그렇다. 초등학교 1학년 입학 때 연두색 저고리를 입었던 기억이 있으니 얼마나 오래전의 일인지 짐작이 갈 것이다. 입학한 지 얼마 지나지 않은 무렵, 처녀였던 담임 선생님이 등굣길에 선생님 댁에 들러달라고 했다. 심부름을 시키기 위해서였다. 다음 날, 두근거리는 마음으로 선생님네 집을 찾아갔다. 선생님은 내게 아주 예쁜 장식물을 주며 교실에 갖다달라고 부탁했다. 그런 장식물은 처음 보는 것이었다. 그 장식물은 나뭇가지에 분홍 촛농으로 진달래꽃을 만들어 붙인 것이었다. 무척 화사해서 얼핏 보면 마치 진달래 생화 다발 같았다. 1학년이 들기엔 좀 무게감이 있어 행여 떨어뜨릴까 부담스러웠다. 선생님의 주의사항을 듣고, 얼마나 조심스럽게 그 장식물을 들고 갔는지 모른다. 등교하던 아이들이 모두 신기한 듯 나와 그 장식물을 쳐다봤을 때 느꼈던 그 묘한 기분을 잊을 수가 없다. 그때 내가 얼마나 으쓱했는지!

'선생님이 날 믿고 이런 심부름을 시키다니, 실수 없이 잘 해야 되겠다. 아이들이 부러워하는 저 눈빛들 좀 봐. 우리 선생님은 참 솜씨도 좋아. 선생님 댁을 가 본 아이는 나밖에 없을 거야.'

이런 생각들을 하면서 자랑스럽게 등교했다. 아마도 그때의 경험이 학교에 입학하여 누군가에게 인정을 받는 내 첫 경험이 아니었던가 생각된다. 그 이후로도 종종 심부름을 하면서 선생님을 좋아하게 되었고 선생님이 좋으니 공부도 열심히 했다.

초등학교 3학년이 되었을 때, 통지표의 종합란에 '머리가 대단히 좋은 우등 아이입니다.'라는 말을 담임선생님이 써 주셨던 기억도 있다. 지금도 선생님 필체와 표현을 정확히 기억하고 있다. 그 말이 사실이건 아니건 나의 기를 살린 것만은 분명하다. 매우 엄하고 자식들에 대해 애정표현을 아끼던 아버지도 그 통지표를 받아보고는 말씀은 없었지만 인정을 해주셨다. 집에 손님이 올 때마다 나를 불러 인사를 시키곤 한 말씀씩 덧붙였다.

– 얘가 우리 둘째 딸! 공부를 아주 잘해.

그런 상황은 매우 쑥스럽고 부끄러웠지만, 아버지의 인정을 받고 있는 딸이란 자부심만큼은 확실했다. 물론 그렇게 과한 칭찬을 받을 만큼 공부를 잘했다고 생각하진 않는다. 나 스스로는 순발력도 없고 답답하다고 생각할 정도로 두뇌회전도 안 좋다. 그러나 선생님과 아버지의 칭찬과 인정 덕분에 더 열심히 하려고 노력했던 것은 틀림없다.

내가 어떤 성향의 사람인지는 내가 잘 안다. 사람들은 내가 모범생이었을 거라고 짐작하지만 나는 고집도 세고, 약간의 일탈도 즐기며, 누구나 다 같이 하는 일에서 빠져나와 엉뚱한 행동도 한다. 이런 성향을 생각할 때 지금의 내가 된 것은 어른들의 인정 때문이라고 생각한다. 만일, 누군가 나를 안 좋게 보고 내가 잘못한 일들을 확대해석해서 핀잔을 주거나 무시하는 말이나 행동을 했다면 난 아마도 반항아가 되지 않았을까 생각한다. 그런 반항적인 기질과 일탈의 잠재적인 가능성을 다 잠재우고 긍정적인 면이 발휘된 것은 선생님이나 아버지로부터 인정받은 경험 때문임이 분명하다. 그분들 모두 내게 '중요한 타인(significant others)'이었으니까.

만일, 아무리 인정해주려 해도 인정할 것이 없을 땐 그 아이의 강점을 찾아보자. 강점이란 가치판단과 무관하게 그 아이가 가진 특별한 에너지다. 아이들을 자세히 관찰하면 강점이 보인다. 대개는 잘하는 것, 잘할 수 있는 것 등을 강점으로 찾지만 그것은 누구나 찾을 수 있으니 여기선 좀처럼 강점을 찾기 힘든 극단적인 예를 하나 들어보겠다.

거짓말을 자주 하는 아이는 누가 봐도 예쁘게 볼 리가 없다. 그런 아이에게서 인정과 칭찬거리를 찾는다는 것은 시간낭비 같다는 생각도 들 것이다. 그래도 그 아이를 바른 아이로 회복시키기 위해서는 강점을 찾아 인정해주어야 한다. 설마 거짓말하기를 그 아이의 강점이라고 말할 사람은 아무도 없을 것이다.

그러나 이렇게 말해줄 수는 있다. '네 머리는 어쩜 그렇게 사실과 다른 이야기들을 잘 꿰맞추는지 놀랍구나.' 일단 이 정도는 관계 형성용이다. 이렇게 말해주고 끝나면 곤란하다. 아이가 착각을 할 수 있다. 나쁜 행동을 했는데도 인정을 받는 셈이 되니까 고쳐야 할 점을 발견 못 할 수도 있다. 관계 형성으로 마음이 열렸으면 한마디 덧붙여야 한다. '그런데 네게 있는 그 특별한 능력으로 사실 이야기를 찾아내 주면 넌 최고도 될 수 있는데. 사실 이야기를 해 볼까?' 하고 사실 이야기를 하도록 유도한다. 그때 아이가 사실 이야기를 하면 대단히 인정을 해주어야 한다.

'거 봐, 난 네가 사실도 잘 말해줄 줄 알았어. 역시 우리 ○○구나!'

이렇게 하면 어떤 아이에게서든 강점을 찾아 인정해줄 수 있게 된다. 거기서 좀 더 나가면 사실과 거짓말을 구분하고 사실 쪽을 선택하도록 습관을 길러줄 수 있다.

이 과정에서 작용하는 심리적인 요소는 인정감, 만족감, 뿌듯함, 자신감, 유능감 등이다. 이 정도면 사람을 변화시키는 요소들로는 넉넉한 셈이다.

기억하자! 사람은 인정받기 원하는 존재임을! 인정받을 때 행동이 바뀔 수 있음을!

이제 인격질을 일상에 응용해보자. 인정할 만한 행동을 보이면 그 즉시 말해 주는 것이 포인트다. 그리고 인정받을 만한 행동을 구체적으로 말해주어야 한다.

우리 지현이는 생각이 깊구나.

우리 지현이는 충동적으로 행동하지 않네. 매우 신중한데?

우리 지현이는 부모 마음을 헤아려보는 지혜가 있구나!

우리 지현이가 고맙게도 마음을 바꿔주었구나.

우리 지현이는 시험문제를 찬찬히 읽어 실수를 줄이는구나.

우리 지현이는 한 번 실수했던 일은 두 번 다시 하지 않는 신중함
이 있구나!

우리 지현이는 비록 자기에게 손해가 될지라도 정직하게 말해주는
점이 자랑스러워!

우리 지현이는 해야 할 일과 하지 말아야 될 일을 잘 구분해서 든든해!

우리 지현이가 부모 마음을 무시하고 함부로 행동할 리 없어!

지현이는 신중한 아이야.

난, 언제나 지현이가 있어서 든든해!

우리 지현이가 없었다면 얼마나 세상이 재미없었을까!

우리 지현이는 친구들과 어울릴 때도 옳은 일을 선택하며 지낼 것
을 믿어!

이제 커서 부모의 심정도 헤아릴 줄 아는구나. 고마워.

갖고 싶은 것보다 필요한 것을 결정할 줄 아는구나.

어려운 일인데 참 잘해냈구나.

좋은 일이 이루어질 때까지 불평 없이 참고 기다리는구나.

그렇다면 인정하기와 칭찬하기는 어떻게 다른가?

칭찬을 남발하면 듣는 사람을 교만에 빠뜨릴 수 있다. 또한 칭찬은 조건부일 때가 있다. 칭찬받기를 기대했다가 만족스런 칭찬이 주어지지 않으면 심통을 부리기 쉽다. 아이들은 어떤 일을 해 놓고 나면 칭찬을 기다린다. 그랬다가 꾸중을 듣게 되면 상처를 입거나 반감을 가지게 된다. 칭찬에 길들여진 아이들은 도전을 주저한다. 혹시나 실패하면 비난을 받을까 지레 두려워하는 것이다. 칭찬이냐, 꾸중이냐의 논리로 가면 인간관계에까지도 영향을 미친다. 자기를 칭찬하는 사람은 좋아하지만 꾸중하는 사람은 싫어하거나 피하게 될 수 있다. 어른들은 약으로 주었지만 아이들은 독으로 들을 수 있다.

그래서 칭찬은 매우 조심스럽게 해야 한다. 과연 그 칭찬이 상대방을 인정하고 자존감을 키워주는 역할을 할 수 있을지를 생각해야 한다.

그런데 인정하기는 인정받는 사람으로 하여금 자신에 대해 긍정적인 생각을 가지게 하며 자존감으로 이끌어 낼 수 있다. 교사들은 어떻게 하든지 인정할 거리를 찾아야 한다. 칭찬보다는 인정을 해주면서 마음의 힘을 키워주는 교사가 필요하다. 인정은 자존감을 키워준다.

한편, 꾸중을 잘못하면 평생 어두운 감옥에서 썩는 사람을 만들 수도 있다.

20여 년 전, 현상금 사상 가장 많은 액수인 5,000만 원을 걸면서까지 잡으려 했던 신창원은 어린 시절 잠재 가능성이 많은 아이였다. 그런데 잘못된 꾸중과 비난의 한마디가 그를 완전히 다른 인생으로 살게 했다. 지금 같았으면 아이에게 그런 말을 하는 교사는 금세 항의를 받고 곤란한 일을 당할 것이다.

−이 새끼야, 돈 안 가져왔는데 뭐하러 학교 와. 빨리 꺼져!

5학년 때 육성회비를 못 가져와 선생님에게 들었던 말이다. 신창원은 그때 교사의 말이 가슴에 콕 박히면서 자기 마음속으로 악마가 들어왔다고 했다. 누군가 자신에게 '넌 착한 놈이야'란 말만 해주었어도 그렇게 되진 않았을 것이라고 했다. 1990년대는 경제 개발과 함께 인간의 존엄성이 뒷전으로 밀려나던 시대였다. 돈이 사람 위에 있는 시대를 보내면서 그는 돈보다 못한 취급을 교사로부터 받았던 것이다.

흘러나온 이야기를 종합해보면 그는 의외로 재능이 많았음을 짐작할 수 있다. 그에게도 강점이 많았는데 그 강점을 발견해서 그의 기를 살려주는 말, 즉 인정해주는 말을 해주는 사람이 아무도 없었던 것이다. 이 얼마나 안타까운 일인가!

여러 정황으로 보아 그는 시시한 사람은 아니었다. 미루어 보건대 그는 자존심이 상당히 높았을 것이다. 비록 육성회비를 못 가져오더라도(당시의 육성회비는 사는 형편에 따라 서울의 경우, 한 달에 600원, 450원, 300원, 150원, 무료 이렇게 5등급으로 나뉘어 있었다) 그의 강점을 보고 인정해주는 교사를 만났더라면, 그렇게 감옥에서 한평생을 썩지는 않았을 텐데 참으로 안타까웠다. 도주과정에서 살아남기 위해 몸부림친 필사의 노력을 보면 인지 능력도 우수하고 실행력도 뛰어난 인물이다. 무엇보다 사람은 해치지 않겠다고 스스로에게 다짐하며 그 어떤 위기의 순간에도 그 다짐을 실천하는 모습은 그가 범인(凡人)은 아니라는 것을 알 수 있게 했다. 다이아몬드가 될 사람을 숯검뎅이로 끝나게 했다는 안타까움이었다.

사람은 인정받아야 클 수 있다. 무시를 당하면 자기를 포기하고 잘못된 길로 빠지거나 보복할 기회를 엿보기 쉽다. 인정하기의 중요성을 새삼 깨우치는 사례다.

인정하는 것의 가장 기본은 이름을 불러주는 것이다. 너무나 흔하고 쉬운 일이지만 누군가 이름을 불러주는 것만큼 존재감을 높이는 행위는 없을 것이다. 이름 부르기는 관계 맺기의 출발이다. 집단 속에서 자기의 존재를 인식하게 되는 첫 시작은 누군가로부터 이름 불리는 것이다.

그래서 아침마다 출석을 부르는 일은 중요하다. 한 반 인원이 70-80명이 기본이던 때도 꼬박꼬박 출석을 불렀다. 지금은 지역

마다 차이가 있지만 학급별 인원이 20-30명 수준이니 이름 부르기는 훨씬 수월하다. 그러나 인원이 적다 보니 출석 부르는 것이 좀 어색해졌다. 출석을 부르지 않아도 누가 안 왔는지 금방 파악되기 때문이다. 그러나 출석 여부를 떠나, 출석을 부르는 활동 자체가 교사와 학생 간에 눈 마주침이라는 소통을 가능하게 할 뿐 아니라 구성원 간의 안부에 관심 갖는 습관이 형성되는 중요한 행위라는 것을 강조하고 싶다.

김춘수의 「꽃」을 낭독해보자.

내가 그의 이름을 불러주기 전에는
그는 다만
하나의 몸짓에 지나지 않았다.

내가 그의 이름을 불러주었을 때
그는 나에게로 와서
꽃이 되었다.

내가 그의 이름을 불러준 것처럼
나의 이 빛깔과 향기에 알맞은
누가 나의 이름을 불러다오.
그에게로 가서 나도 그의 꽃이 되고 싶다.

우리들은 모두
무엇이 되고 싶다.

나는 너에게 너는 나에게
잊혀지지 않는 하나의 의미가 되고 싶다.

이 시에서도 이름을 부른다는 것이 얼마나 아름다운 일인가를 보여주고 있다. 이름을 부르기 전에는 하나의 몸짓에 지나지 않았지만, 호명되는 순간 꽃이 되었다. 사람의 관계도 그러하지 않은가. 서로에게 이름이 불리지 않는 한 서로는 타인이다. 그러나 서로 이름을 부르게 될 때 비로소 소통이 시작되며 '우리'로 묶이게 된다.

꽃처럼 사람도 빛깔과 향기가 모두 다르다. 그 사람이 지닌 고유한 이름을 부를 때 '나'와 관계 맺어지는 이 신비를 무엇으로 설명할 수 있을까. 인파 속에서 자식을 잃어버린 어머니가 무어라 외치는가. 가장 먼저 아이의 이름을 할 수 있는 한 가장 큰 소리로 부른다. 반복해서. 많은 사람들 틈에서 나와 관계된 사람을 찾을 때 우리는 '야!' 혹은 '너, 어디 있니.' 외치지 않는다. 그 많은 사람들 모두가 '야'이고 '너'이다. 우리는 그래서 이렇게 외친다.

– 지현아, 신지현!

이름이 '나'와 '너'의 끈이고 '우리'가 되게 하는 가장 아름다운 매듭이다.

서울시 교육청은 2013년부터 행복 출석부를 만들어 아침마다 이름 부를 것을 각 학교에 권장하고 있다. 교사가 이름을 부르면 학생은 그날 자신의 감정이나 느낌을 말하는 이색적인 출석 방식이다. 아이에게 행복한 일이 있으면 함께 나누고 우울하거나 화나는 일이 있다면 그 아이의 기분이 더 상하지 않도록 배려해 줄 수 있는 장점이 있다.

매일매일 자신의 감정을 다른 사람에게 전달하다 보니, 자연스레 잘 전달하는 법이 습득된다. 동시에 아이는 스스로의 감정을 감추거나 속이지 않고, 인식하고 이해하게 된다. 내가 어떤 상태를 인식하는지는 자신의 감정을 컨트롤 할 수 있는지의 여부와도 연결되기에 아주 중요하다. 감정을 표현하는 과정에서 자기 표현 능력과 감정 조절 능력이 성장하며, 나뿐 아니라 타인의 정서에도 관심을 기울이게 된다. 그것이 배려의 첫걸음이다. 서로의 감정을 이해하다 보면 배려하게 되고 배려하다 보면 모두가 행복해진다.

이렇듯 인정하기의 첫걸음은 이름 부르기에 있다. 자기존재감의 시작도 자기 이름에 대한 인식에서부터이다. 이제 이름 부르기의 중요성을 인지했다. 그렇다면 인정받을 행동을 하지 못했을 때는 어떻게 해야 할까? 그땐 격려가 필요하다.

격려의 힘

아이들은 자라면서 시행착오를 많이 겪는다. 경험도 부족하고 판단도 서투르다. 당연하다.

어른들은 그런 행동 결과를 마음에 들어 하지 않는다. 어른들의 기대와 어긋나는 행동을 했을 때 어른들이 실망할 수 있겠지만 그것을 내색해선 안 된다. 특히 초등학생 아이들에게 그러하다. 자존감과 가치관이 생성되어야 할 시기에 자칫 문제가 생길 수 있기 때문이다. 어른들의 기대가 지나친 나머지 결과의 미흡함만 가지고 따지거나 꾸중하는 것은 아이들에게 상처와 반발심을 줄 수 있다.

핀잔과 비난 대신 다른 말을 해주어야 한다. 핀잔과 비난에 아이들 가슴은 멍이 든다. 그 멍든 가슴을 평생 동안 끌어안고 사는 사람들도 있다. 가장 사랑을 주어야 할 가족으로부터, 교사로부터, 가까운 사람으로부터 상처받는 것은 비극이다. 그래서 가급적이면 어린 아이들에게는 비난, 핀잔, 무시, 외면 등의 말을 하지 말아야 한다.

그럼, 다른 말이라 하면 어떤 말을 말하는가?

다른 말이란 힘을 북돋워 주고 용기를 주는 말이다. 그것이 바로 격려(encouragement)다.

　아이들은 잘 하려고 하지만 뜻대로 되지 않는 경우가 많다. 아이들은 자기 행동이 교사나 부모의 마음에 들지 않은 것을 알면 위축된다. 이때 따뜻한 말 한마디는 마음을 사르르 녹일 수 있다. 평생 그 위로를 기억하며 힘을 내어 바른 행동을 하게 된다.

　어린 아이들에게 무거운 짐을 얹어주고 말로만 '너 잘해야 돼!' 한다면 아이를 살리기는커녕 포기하게 만들 수 있다. 못마땅한 행동을 하더라도 긍정적 기대를 하면서 자신감을 불어넣어 주는 역할을 어른들이 해야 한다. 아이의 속마음을 알아주어야 한다. 어른이 믿고 기다려줄 때 아이의 마음은 바뀔 수 있다.

　격려는 아이의 행동을 잘 관찰하는 데서 출발한다. 일단 잘하려고 노력하고 있는 과정과 모습을 포착하는 것이 중요하다. 작은 행동이라도 놓치면 그 아이는 실망할 수 있다. 모처럼 시도했는데 아무도 인정해주지 않으면 신이 나겠는가? 의기소침해지거나 포기하고 싶거나 경우에 따라선 자신감을 잃기도 할 것이다. 'encouragement'란 영어 단어를 살펴보면 '용기를 불러일으켜 준다'는 의미가 담겨있다. 즉, 축 처져 있는 어깨에 힘을 불어넣어 주는 것이다.

네가 노력하는 모습이 보여서 든든하다.

습관을 바꾸는 것이 쉬운 일은 아니야. 하지만 너처럼 꾸준히 노력하다 보면 틀림없이 좋은 습관으로 바뀌게 될 거야.

나도 어렸을 때는 왜 그리 실수가 잦았는지 나 자신이 실망스러울 때가 많았어. 하지만 포기하지 않았더니 지금처럼 된 거야. 자, 힘내!

그런 실수 안 해본 사람 있으면 나와 보라 그래. 실수도 실력이야. 지금의 실수는 미래에 너의 실력이 될 거야. 우리 ○○! 화이팅!

네가 지금 공부를 안 해서 그렇지 마음먹고 하기만 하면 넌 잘할 거야.

네가 약속을 지키려고 애쓰는 모습이 내 눈에는 보인다. 힘들지? 조금만 참고 견디자.

지금까지 명령과 지시와 강요 대신 인정하고 격려할 것을 계속 강조해 왔다. 명령이나 지시, 강요는 듣는 사람의 의견이나 사정이 반영이 안 되고 단지 전달하는 사람의 의견만 반영된 것이다. 듣는 사람은 그대로 따라야 한다. 개인의 욕구가 중시되지 않고 전체 속에 묻혀서 적절히 억압하거나 절제하던 시대에는 이 방법이 통했다. 하지만 지금은 다르다. 어린 아이일지라도 일방적으로 명령 듣는 것은 싫어한다. 왜냐하면 모두가 자기주장이 강하고 욕구표출에 적극적이기 때문이다. 명령이나 지시를 하게 되면 '싫어!', '싫어요! 왜 해야 하는데요?' 이런 반응이 즉각 나타난다.

　그동안 명령, 지시, 강요에 익숙한 의사소통을 하던 교사는 이런 반응을 보게 되면 크게 두 가지 생각을 하게 된다.

　'이것들이 감히, 하라면 하는 거지 뭔 이유가 많아!'

　'이젠 날 무시하는구나. 아니꼬운 너희들, 이제 더 이상 안 보면 된다. 떠나자!'

　먼저, 첫 번째 경우처럼 생각하게 되면 그 결과가 어떨지 예상해 보자. 명령을 받은 대상자가 반발심은 생기겠지만 어쩔 수 없이 따르긴 한다. 그러나 속마음은 겉으로 드러난 행동과 전혀 다르다. '지가 잘났으면 얼마나 잘났어. 재수 없어!' 이런 생각을 하면서 중고등학생쯤 되면 골탕먹일 기회를 노릴 수도 있다. 교사는 겉으로 드러난 위장된 모습에 속아 넘어가는 것이다.

　두 번째 경우처럼 생각하면 교사에게 상처가 남을 수 있다. 자신의 영향력이 점점 없어진다고 생각하고 현장을 떠나고 싶어 하는 것이다. 그렇게 되면 삶의 대부분이었던 학교라는 일터가 좋은 추억으로 남을 수가 없다. 고령화 시대에 인생을 살아가는 데 있어 좋은 추억을 남긴다는 것은 매우 중요하다. 노인은 세월을 되돌아보면서 좋은 추억을 반추하는 날이 많을 텐데 그 추억들이 아쉬운 오점으로 남을 수 있다. 그런데 첫 번째 경우처럼 할 수 있는 성향도 아니고, 쉽게 떠나자니 그럴 수 있는 여건도 안 되는 분들은 매일매일이 갈등의 연속일 것이다. 스트레스가 누적되면서 심신이 고달파진다. 그래서 대안이 있어야겠다고 생각했다.

질문의 힘

그 대안으로 세 번째 방법인 '질문하기'를 권장하고자 한다.

질문을 하면 상대방의 생각을 알게 된다. 상대방의 생각이나 의견을 알아보기 위한 질문을 할 때 세심한 주의를 해야 한다. 상대방이 편안하게 말할 수 있는 분위기를 만들어주어야 한다. 그리고 들을 귀를 열어놓고 질문해야 한다. 일단 들을 때는 마음을 열어놓아야 한다. 그가 무슨 말을 하든 말하는 이의 인격을 존중하는 마음으로 듣겠다고 마음먹고 들어야 한다. 그 사람의 생각을 듣다 보면 때로 내 생각과 대치되거나 반대 의견을 말할 수 있다. 그럴 때 미리 마음 준비를 하지 않으면 걸림돌에 걸려 넘어질 수 있다. 어떤 생각을 하고 있는지 그 사람의 생각을 참고하여 자기의 생각을 조정하고 조율하겠다는 마음을 가지고 해야지, 그렇지 않고 걸림돌을 만나면 대화에 실패하기 십상이다.

말하기는 비교적 간단하지만 질문은 생각해서 해야 된다. 물론 말하기도 간단한 것은 아니다. 사려 깊은 사람들은 말하기 전에 심사숙고하므로 실수가 적다. 그리고 상대방을 기분 나쁘게 하지 않으면서도 할 말을 다한다. 감정조절을 잘하기 때문이다. 여기서의 말하기는 말하는 방식 즉, 앞에서 소개한 명령, 지시, 강요를 말한다. 명령, 지시, 강요는 즉흥적으로, 나오는 대로 말하니까 간단하고 쉽지만 관계형성이 안 된다.

한편, 질문을 하면 유용한 점은 다음과 같다.

1. 질문 받는 사람으로 하여금 생각하게 한다.
2. 다양한 아이디어와 방법을 찾게 한다.
3. 신뢰감을 주며 자존감을 갖게 한다.
4. 권한부여(empowering)를 해준다.
5. 의식을 깨우고 높인다.
6. 장기적인 발전을 돕는다.

반면, 말하기의 특성은 아래와 같다.

1. 생각하면서 동시에 전달하므로 신속하다.
2. 말하는 이의 입장에서 옳은 답을 주려고 한다.
3. 전달이 쉽고 간단하다.
4. 말하는 이의 욕구가 충족된다.
5. 상대방을 말로써 통제하려 한다.
6. 한 번 하고 나면 거둬들일 수 없다.

질문은 아이들로 하여금 이렇게 생각하게 하고 자존감을 주며 의식을 깨우므로 장기적으로 발전하게 한다. 코칭 대화가 강력한 효과를 거두는 것은 질문 기법을 잘 활용하기 때문이다. 질문은 상대방의 변화를 이끌어내기 위한 강력한 도구로 활용된다. 질문을 받게 되면 평소 생각지도 않던 내용에 대해 순간적으로 깊이 있게 생각할 수 있고, 자아를 발견하는 의외의 기회가 될 수도 있다. 질문을 하게 되면 뇌를 격동시키며 생각하는 힘을 길러준다고 한다. 유대인의 힘이 바로 이 질문에서부터 시작되는 것이다.

필자도 나이 먹는 것을 의식하지 못하며 생각 없이 살고 있을 때, 한 가지 질문이 의외로 나를 돌아보고 미래를 생각하게 했던 일이 기억난다. 그것은 남편으로부터 온 질문이었다. 하루만 넘기면 마흔이 시작되는 어느 해 12월 31일, 남편은 그 해의 마지막 지는 해를 보자며 집에서 가까운 그린파크 쪽으로 산책을 가자고 했다. 그땐 당뇨로 오랫동안 고생하시던 시아버님을 모시고 살 때라 외출이 비교적 자유롭지 못했을 때였다. 효자였던 남편이 웬일로 이런 상황에서 내게 외출을 하자고 할까 생각했지만, 날이 날인만큼 잠깐 나갔다가 저녁식사 전에 돌아오자는 생각으로 외출을 했다. 고즈넉한 한 해의 마지막 날! 지는 해를 보며 남편이 내게 했던 질문 한 마디를 잊을 수 없다.

- 당신도 이제 내일이면 마흔이 돼. 마흔이 된 사람은 어떻게 살

아야 할까?

철없이 살던 내가 마흔이 된다고? '마흔'이란 나이는 그때까진 내게 낯선 숫자였다. 갑자기 무게감이 더해지며 부담이 엄습해왔다. 그냥 이대로 살면 안 될 것 같은 생각이 들었다. 그 무게감으로 그날의 산책은 절대로 가볍지만은 않았다. 나를 돌아보게 하고 방향을 생각하게 했던 질문이었기에 지금도 생생하게 기억이 난다.

또 한 사례를 들어본다.

어느 40대 교사가 중학생 딸과 늘 갈등을 빚고 있었다. 마음은 그렇지 않은데 대화를 시작하면 서로 언성을 높이는 것으로 끝나고 말았다. 엄마는 안방으로 딸은 공부방으로 그렇게 마음의 문까지 닫고 들어가면 냉랭한 침묵만이 거실에 흘렀다. 어느 순간에는 딸과 아무 소통도 하지 않는 사이가 되어버렸다. 엄마는 출근해서도 딸 생각에 늘 마음이 무거웠다. 그러다 보니 학급 아이들에게도 제대로 애정을 쏟을 수 없었다. 대화기술도 배우고 관련 책도 읽으며 노력했지만 딸과의 관계가 회복되는 것은 쉽지 않았다.

어느 날 엄마는 도대체 무엇이 문제인지 알기 위해 평소 알던 코칭 전문가를 찾아갔다. 하소연을 듣던 코치가 그 엄마에게 물었다.

– 선생님에게 그 딸은 어떤 의미인가요?

그 말을 듣자마자 엄마는 갑자기 눈물을 펑펑 쏟았다.

사실, 그분은 신혼 초 첫 아이를 잃었다. 갓 태어난 남자아이였다. 그 사건이 부부에게 상처로 남았고 집안 분위기는 늘 어두웠다. 젊은 부부는 두 번째 임신을 시도했지만 뜻대로 되지 않았고 우울하게 지내다가 몇 년 후, 기적처럼 아이를 가지게 되었었다. 아이는 부부와 주변 가족에게 위로와 희망이 되었고 덕분에 집안 분위기도 다시 활기를 찾았다. 얼마나 귀하게 다시 얻은 딸이던가?

애지중지 키워 딸은 어느덧 사춘기를 맞았다. 말끝마다 거부와 핀잔으로 엄마를 면박하는 딸을 보며 엄마 마음은 오죽했겠는가. 모녀간 대화는 사라져 냉기가 흐르고, 애틋하게 돌봐주고 싶은 부모 심정은 전혀 이해하지 못하는 딸. 그렇게 참고 견디다 못해 코치를 찾아갔는데 코치로부터 들은 질문 한 마디에 엄마는 와르르 무너졌다.

'내 딸이 얼마나 큰 기쁨과 위로인데 이토록 귀한 딸과 싸우고 있다니.'

그 생각이 들자마자 모든 것이 자신의 고집과 편견 때문이었음을 깨달았다고 한다. 늘 '엄마 말 들어!'라고 소리만 쳤지, 딸의 마음을 이해하고 사춘기 아이의 행동 특성을 수용하려 들지 않았던 자신의 모습이 불현듯 보였다는 것이다. 일방적인 요구와 명령과 지시만 했으니 딸이 반항하는 것은 당연했을 것인데 미련하게 그걸 모르고 있던 자기 모습에 후회감이 밀려왔다는 것이다.

그래서 그때까지 사용하던 명령, 지시, 강요 또는 협박성 말을 쓰레기통에 버렸다고 했다. 딸의 욕구와 바람을 중요하게 생각하고 우선적으로 고려해서, '넌 뭘 하고 싶니?', '네 생각은 어떠니?', '아, 우리 딸은 이런 걸 하고 싶었구나!' 하는 식으로 대화를 이끌었다고 한다. 그랬더니 관계가 서서히 회복되고 엄마에게 조금씩 자신의 속마음을 이야기하더라는 것이었다.

그동안 가장 힘들었던 일이 무엇이냐는 코칭 전문가의 질문에, 딸이 방문을 걸어 잠글 때라고 했다. '쾅!' 하고 들어가면 자신은 방문 밖에 홀로 버려진 듯한 느낌이 들었고, 그 기분을 혼자 삭일 때가 가장 힘들었다고 했다. 처음엔 발로 문을 차기도 하고 마구 두드리며 '당장 문 안 열어!' 하고 협박도 했지만, 꿈쩍도 안 하는 딸 때문에 분하고 억울한 감정이 뒤섞여 극도로 화가 났다는 것이다. 저주의 말까지 내뱉는 자신을 보며 때로는 너무 놀랐다고도 했다. 그 교사의 변화는 강의나 설명, 설교나 권고에서 시작된 것이 아니었다. 단지 질문 한마디!

– 선생님에게 그 딸은 어떤 의미인가요?

이 질문 하나가 자기를 밑바닥부터 바꾸었다고 했다. 질문은 이렇게 강력한 힘이 있다. 때로는 무의식까지 파고들어 가는 속성과 힘을 발휘하는 것이 질문이다. 이렇게 사람을 뿌리째 흔들어 놓는 질문의 힘, 그 위력이 정말 대단하지 않은가?

지금까지 사람의 행동을 변화시키기 위한 말을 살펴보았다. '인정하고, 격려하고, 질문하기' 이 세 가지를 기억하게 하려고 '인격질'로 축약하여 표현했다. 잊지 않도록 하기 위해 약간 이상한 조합이긴 하지만 학부모와 교사를 대상으로 강의를 할 때마다 나는 강조해왔다.

다시 한번 기억하자!

명지강은 No, 인격질은 Yes!
명지강은 싫어요, 인격질은 좋아요!
명지강은 안 돼요, 인격질은 돼요!

스위치 대화를 할 때 말하는 어른도 기분 좋고 듣는 아이들도 상처받지 않고 기분 좋게 행동을 바꾸게 된다. 따뜻한 마음이 전달되어 관계형성이 잘 되기 때문이다. 이것이 스위치 대화의 힘이다.

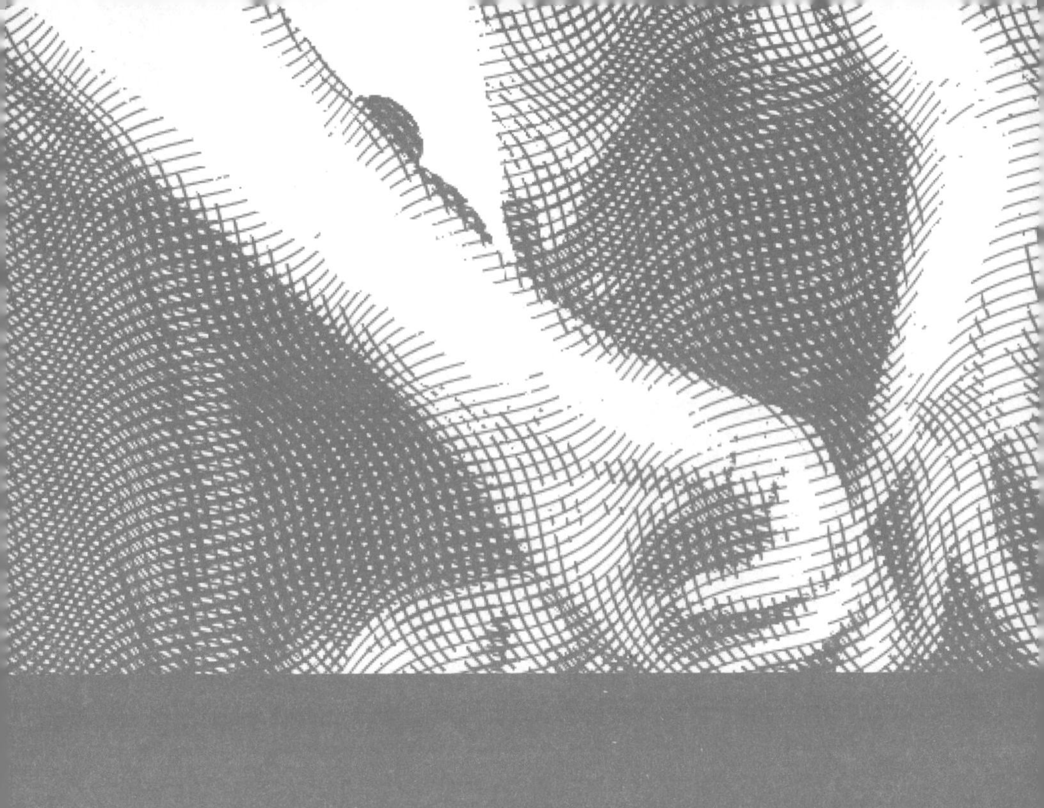

6 자존감이 자라는 아이

- 아이의 자존감
- 자존감 쪼개보기
- 자존감의 구성요소

아이의 자존감

한동안 나는 아이들의 자존감에 푹 빠져있었다. 아동 관련한 일을 하는 사람들을 만나기만 하면 사명처럼 자존감을 강조했다. 입만 열면 자존감을 말하는 내게 어떤 분은 '자존감 전도사'라고 별명을 붙일 정도였다. 자존감의 매력에 빠져든 계기는 매일 만나는 아이들의 말과 행동을 자세히 관찰하면서부터였다. 관찰결과 아이들의 내면에 작용하는 힘은 그들의 미래가 달라지도록 하는 놀라운 힘임을 발견했다. 그 차이를 만들어내는 심리적인 요소가 바로 자존감임을 여러 책과 논문과 경험을 통해서 알게 된 후부터 더욱 확신을 갖게 되었다. 요즘 회복 탄력성(resilience)이 새롭게 조명되고 있는데 그 회복 탄력성의 근간이 되는 힘도 바로 자존감이다.

똑같은 상황이 주어져도 어떤 아이들은 긍정적인 말로 주위에 기쁨을 준다. 그러나 어떤 아이들은 부정적으로 생각하고 시니컬하게 말해서 분위기를 싸아하게 한다. 어떤 아이들은 자신감이 넘치고 희망적인 말을 하는데, 어떤 아이들은 늘 위축되고 자기 비하적인 말을 사용한다. 어떤 아이들은 밝은 표정으로 눈을 마주치고 당당하게 말하는데 어떤 아이들은 눈을 잘 마주치지도 못하고 속으로 기어드는 듯한 작은 소리로 말해서 듣는 이를 답답하게 한다.

잘못한 일에 대해 꾸중을 들을 때도 그 차이는 나타난다. 어떤 아이들은 다소곳이 듣다가 지적받은 행동을 고치겠다고 반응한다. 그런데 어떤 아이들은 다른 애들을 끌어들이며 핑계대거나 자기 책임을 회피 또는 변명하기에 바쁘다.

시간을 사용하거나 계획을 세울 때도 차이가 난다. 어떤 아이들은 놀이 계획을 미리 세우고 친구들에게 먼저 다가간다. 그에 반해 어떤 아이들은 무계획적인 생활을 하면서 친구가 내게 오지 않아서 심심하다며 칭얼거린다. 더 심한 경우에는 확실한 증거도 없이 친구들이 자신을 왕따 시킨다고 확대 해석하면서 피해의식을 갖고 우울하게 지낸다. 어느 편이 더 인정과 사랑을 받으며 생활하겠는가?

물론 이 중에는 습관의 문제도 있다. 좋은 습관을 갖기까지는 성격과 심리적인 요소들이 많은 영향을 준다. 습관이든 천성이든 아무튼 아이들은 이렇게 모두 다르다.

　학교는 다양한 아이들이 모여 생활하는 작은 세상이다.
　아이들의 색깔은 기질에 의해서, 부모가 어떻게 길렀느냐에 따라서, 어떤 환경에서 자랐느냐에 따라서 각기 알록이와 달록이로 나타난다. 그 다른 아이들은 서로에게 영향을 주고 우정을 나누며 살아간다. 어린 시절을 보내는 학교는 평생 살아갈 힘을 길러주는 소중한 공간이다. 가정도 마찬가지이지만 운동장과 교실에선 아이들의 웃음소리가 끊이지 않아야 한다.

　난 이 공간을 언젠가부터 화사한 정원이라 부르고 싶었다. 화사한 정원에는 갖가지 귀한 꽃들이 어울려 조화를 이루고 있다. 꽃의 모양도 피는 시기도 향기도 다 다르다. 그 다름이 화사함을 만드는 것이다. 어떤 꽃들은 그늘에 가려서 늦게야 빛을 발하기도 하고 어떤 꽃은 잘난 척하고 일찍 피지만 곧 시들어 버리기도 한다. 하지만 생명력은 강하다. 뿌리가 박혀 있으면 언젠가는 꽃을 피우는 것이 진리다. 부모나 교사가 할 일은 이제 확실해졌다. 적당히 물을 주면서 골고루 햇볕을 받으며 자랄 수 있는 환경을 마련해주는 일이다.
　뿌리가 튼튼하면 어지간한 외풍에도 잘 견딘다. 요즘엔 학교를 두려워하는 아이들도 있다. 다양한 외풍들이 많아서이다. 친구관계, 학습부담, 다양한 규칙 등이 어떤 아이들에겐 모두 외풍이 될수 있다. 어떤 외풍이 불어와도 끄떡없이 견딜 수 있는 뿌리를 더욱 튼튼하도록 해주는 일은 바로 아이들의 자존감을 키워주는 일이다.

아이들의 행동방식은 개인별 기질이나 성격에 따라 달라지기도 하지만 시대적인 영향을 받는 부분도 있다. 한번은 학년 전체가 유난히 통제가 안 되고 시끄럽고 요란했던 적이 있었다. 대체로 4학년은 교사의 말을 잘 듣는 학년이라 스트레스를 덜 받는 학년이다. 그런데 그해는 달랐다. 6학년도 아닌 4학년이 그렇게 힘들게 하기는 처음이라고 너도나도 하소연을 하던 해이다. 다른 학교 교사들을 만나도 역시 같은 의견이었다.

몇몇 교사들이 원인을 분석해 보았다. 그리고 분석 끝에 찾아낸 것이 시대적 요인이었다. 그 아이들은 바로 IMF 전후에 임신된 아이들이었던 것이다. 사업 부도와 실직으로 부모가 온갖 걱정과 스트레스로 불안하던 시기에 태교다운 태교나 제대로 할 수 있었을까? 뱃속에서부터 스트레스를 겪었을 것을 생각하니 오히려 측은한 마음이 들기도 했다. 마찬가지로 2000년 밀레니엄 시기에 태중에 있었던 아이들은 학교생활에서 매우 요란스럽던 특징이 있었다. 유난히 들뜨고 산만한 행동을 많이 보였었다.

이렇듯 시대적 요인이 아이들의 정서와 행동에 영향을 미친다고 추측하긴 했으나, 만약 그렇다면 어떤 요인들로 시대적 정서가 아이에게 반영될 수 있었는지 그 근거가 필요했다. 처음엔 가정의 경제적인 수준이나 부모의 학력 또는 출생순위에 관심을 두어 조사해보았다. 그러나 특정 시기에 태어난 아이들에게만 집단적으로 포착되는 징후를 설명할 만한 일관성이 발견되지 않았다. 여러 관련 논문이나 아동 및 부모 관련 전문 서적들을 더 살펴본 결과 그것은 바로 '자존감'이란 심리적 힘에 의한 차이임을 발견했다.

부모 교육 관련 서적이나 아동발달 및 양육 관련 책을 보면 예외 없이 발달심리 영역에서 자존감을 소개하고 있다. 그러나 안타까운 것은 그렇게 중요한 요소임에 비해 아이들의 자존감을 키워줄 구체적인 방법 제시가 약했다.

특히, 가장 강력한 영향을 미치는 실존적인 주제를 살짝 피해가고 있었다. 필자는 그것을 영적 자존감이라고 소개하고자 하는데 아직 어느 책에서도 소개되지 않은 명명임을 밝힌다.

자존감 설명에 왜 영적 자존감을 곁들이는지 궁금할 것이다. 뇌과학에 대한 배경지식이 있으면 좀 더 이해가 수월하다. 왜냐하면 뇌과학적 관점에서 볼 때도 뇌의 총사령탑 역할을 하는 전전두엽의 기능 여부에 따라 사람들의 행동 특성이 다르게 나타나기 때문이다. 그리고 그 다름이 바로 자존감과 관련 있음을 암시하고 있다.

뇌의 CEO기능을 전담하는 전전두엽은 미래를 계획하기, 어떤 행동을 했을 때 그 결과를 미리 생각해보기, 정서적인 충동이 일어날 때 조절하기 등의 기능을 담당한다. 전전두엽은 앞이마 뼈 바로 안쪽에 위치하고 있으며, 뇌활동의 실질적인 집행을 담당한다. 전전두엽이 잘 발달한 사람들은 사려 깊고 통찰력이 있다. 미래를 염두에 두고 계획하고 결과에 대한 책임까지 고려하므로 정서나 행동 면에서 볼 때 신뢰가 가고, 안정된 행동 특성을 보이게 된다. 이러한 행동 특성은 자기존재감이 확실하고 삶의 이유나 가치를 발견하여 정체성이 확실한 사람에게서 나타나는 특성이다. 바로 이러한 특성이 영적인 자존감 또는 실존적 자존감과 관련이 있는 것이다. 영적 자존감이 높은 사람은 삶을 진지하고 소중하게 여기며 목표가 고차원적이고 진취적인 특성이 있다. 따라서 자존감을 설명할 때 빼놓을 수 없는 요소라고 개인적으로 확신하는 것이다. 영적 자존감에 대해서는 뒤에서 더 자세히 설명하려고 한다.

간혹 남 부러울 것이 없어 보이는 유명 연예인의 자살 소식을 들을 때 안타까움이 든다. 만일 실존적인 문제 즉, 영적인 문제를 해결했더라면 그런 극단적인 선택은 하지 않았을 텐데 하는 아쉬움이 든다. 왜냐하면 외부의 어떤 역경도 견뎌낼 수 있는 힘이 바로 영적 자존감이기 때문이다. 살짝 곁들이는 이야기를 해보겠다. 가드너의 경우 다중지능이론을 소개할 때 아홉 번째 지능으

로 실존지능을 설명했다. 그런데 초기엔 그도 실존지능을 영적지
능으로 소개했었다. 본 주제는 자존감이지만 영적인 영역을 무시
할 수 없는 인간의 의식세계이므로 뒷부분에서 조심스럽게 다루
어보고자 하는 것이다.

자존감 쪼개보기

자존감은 말 그대로 자신을 조건 없이 수용하며 존재 가치만으로 소중함을 인
정하는 개념이다.

자존감은 '중요한 타인(significant others)'의 지속적이고 일관적인 긍정적 피드백의 영향으로 형성된다. 중요한 타인이란 탄생과 성장 과정에서 애정으로 보살펴주는 사람을 말한다. 일반적으로 부모, 교사, 또래 친구들이 이에 해당한다. 누구나 자기의 모습을 스스로 평가하기는 어렵다. 자기가 귀한 사람인지 아니면 시시한 사람인지를, 사람들이 자기를 대하는 태도 속에서 찾으려고 한다.

그래서 나를 대하는 다른 사람의 행동이나 태도에 민감하게 반응하고 이를 근거로 스스로에 대해 가치를 매기는 것이다. 사람들이 자기를 시시한 사람으로 취급하면 스스로도 자신을 가치 없는 사람으로 여기게 된다. 반대로 귀한 사람으로 대하게 되면 자신이 귀한 존재라고 생각하게 된다. 이것은 느낌으로 알게 된다. 인지발달이 진행되기도 전, 세상을 인식하기 전, 아기였을 때부터 알게 된다는 것이다.

자존감은 이렇게 중요한 타인의 피드백에 의해 영향을 받기 때문에 결정적이고 고정적인 것은 아니다. 심리적인 요소이기 때문에 자기를 대하는 주변의 반응여하에 따라 달라지기도 한다. 그래서 손상되었다면 다시 회복할 기회도 얼마든지 있다.

자존감이 결정적이고 고정적인 요소라면 굳이 교육을 하거나 강조할 필요가 없다. 다행인 것은 주위 사람들이 어떻게 대하느냐에 따라 얼마든지 달라질 수 있는 것이다. 성인들은 피드백이 나쁘면 그저 불쾌하다 만다. 하지만 아이들은 민감하다. 작은 바람에도 쉽게 흔들린다. 위축되면 감정 표현에 소극적이 되고 소심해질 수 있다.

요즘은 그 힘을 회복 탄력성(resilience)과 연관짓기도 한다. 회복 탄력성은 인간의 내면에 있는 긍정적인 힘으로서 자존감을 바탕으로 한다. 역경을 이기는 마음의 힘, 또는 마음의 근육이라고도 말하는 회복 탄력성이야말로 아이들이 길러야 할 귀한 심리적인 힘이다. 좀 더 자세히 그 관계를 말한다면 자존감이 높은 사람이 회복 탄력성도 높다고 말할 수 있다.

자존감과 회복 탄력성의 관계는 에이미 워너[2] 교수가 발견한 놀라운 사실에서도 입증이 되었다. 분명 사회적 낙오자나 부랑아 또는 범법자로 성장했을 거라고 예견된 아이들 중 놀라운 예외가 있었다. 그 놀라운 예외에 해당하는 아이들은 모두 공통점이 있었다. 그것은 바로 어린 시절에 무조건적인 사랑을 쏟아 부어주었던 '중요한 타인(significant others)'이 있었던 것이다. 그 사랑을 바탕으로 자존감이 싹터 자기를 사랑하고 타인도 신뢰하는 힘이 길러진 것이다. 자연히 문제 해결력도 길러지고 건강한 인간관계를 맺는 능력도 길러진 것이다. 이 힘이 세상을 헤쳐 나가는 근본적인 힘이 된 것이다. 그러니 자존감이야말로 아동기에 반드시 형성시켜줘야 할 힘이 아니고 무엇이겠는가!

어떤 사람은 자존감과 자존심을 유사한 개념을 보아 혼용하기도 하는데 그것은 아니다.

자존심은 조건적이고 상대적인 개념이다. 누군가 비교 대상이 있고 그 상황에서 반드시 우월하고 싶은 동기가 자존심의 출발이다. 자존심이 강한 사람은 비교의 대상으로 인해 때로 갈등과 괴로움을 자처하기도 한다. 자존심의 결과는 열등감 아니면 우월감으로 나타나서 스스로 자기 비하에 빠지거나 자만하게 될 수 있다. 남과 비교하여 남보다 못할 때는 자기를 비하하고 괴롭히거

---

2) 에이미 워너(E. Werner). 하와이 카우아이 섬에서 1955년도에 태어난 833명의 신생아들을 대상으로 40년 종단연구 결과를 분석하는 데 주도적인 역할을 한 심리학자. 고위험군 201명 중 1/3인 72명에게서 공통적으로 나타나는 역경을 딛고 일어서는 특성을 회복 탄력성으로 명명함.

나 열등감으로 몰아넣을 수 있다. 반면 남보다 낫다고 판단되면 우월감으로 자만하거나 우쭐댈 수 있다. 자존심이 긍정적으로 작용하게 되면 자신을 발전시키는 기회가 되기도 하지만 부정적으로 작용하면 다른 사람과 자신을 피곤하게 한다.

자존심은 부정적으로 작용하는 경우가 더 많다. 자존심을 내세우며 자기존재를 강조하다 보면 인간관계도 악화될 수 있다. 자존심이 동기가 되어 수행하는 일은 일시적이고 자신만 유익하게 하는 것으로 끝난다.

이에 비해, 자존감은 말 그대로 자신을 조건 없이 수용하며 존재 가치만으로 소중함을 인정하는 개념이다. 자존감이 동기가 되어 수행하는 일은 나와 남을 이롭게 한다. 즉, 자존감이 높은 사람은 다른 사람도 귀하게 여길 줄 알게 되니 인간관계를 소중히 여기게 된다.

그렇다면 자존감을 좀 더 파헤쳐 보자.

자존감(self-esteem)이란 용어를 학문적으로 처음 사용한 사람은 1890년 윌리엄 제임스(William James)라고 알려져 있다. 지금 내가 이렇게 자존감을 다루게 될 줄 미리 알았다면 2001년에 보스턴을 방문했을 때 하버드 대학교 내의 윌리엄 제임스 홀(Hall)을 둘러볼 걸 하는 아쉬움이 남는다. 심리학, 의학, 철학의 세계를 넘나들며 학문의 족적을 남긴 제임스는 20세기가 되기도 전에 이미 인간의 내적인 힘인 자존감에 관심을 가지고 있었다.

그 이후로 쿠퍼 스미스(Coopersmith)는 사람들이 네 가지 영역을 통해 자기 이미지를 구축해 나간다고 했다. 그리고 이 자기 이미지가 바로 자존감 형성에 영향을 미친다고 소개했다. 그 네 가지 영역[3]은 다음과 같다.

첫째, 자신이 얼마나 중요한 사람인가. 또는 의미가 있는 사람인가를 확인하기.

중요한 타인과 주변 사람들로부터 자신이 사랑을 받고 있는지 아닌지는 본인의 느낌이 가장 확실하다. 그 느낌이 있으면 자기가 중요한 존재임을 스스로 인정할 수 있다.

둘째, 자신에게 주어지는 과제를 중요하게 생각하면서 해결하는 능력이 있는지 여부 확인하기.

과제를 심사숙고해서 잘 해결한 후에 주위로부터 인정받게 되면 자신이 꽤 유능한 존재라고 스스로 평가하게 된다.

셋째, 도덕적이고 윤리적인 기준을 얼마나 잘 지키고 있는가에 대해 지각하기.

이것은 개인의 양심과 더불어 사회적으로도 인정받을 만한 기

---

3) Diane E. Papalia & Sally Wendkos Olds(1990, p.461)). A Child's World 5th.edn.

준에 도달하고 있는지에 대한 스스로의 평가를 말한다. 이것이 확인될 때 어디서나 당당할 수 있게 된다.

　넷째, 자신을 포함하여 자기와 다른 사람의 삶에 얼마나 영향을 미치는지를 확인하기.
　자기 자신을 잘 통제하면서 다른 사람들의 삶에 긍정적인 영향을 미치는 능력이 있는지에 대한 평가를 말한다. 자신이 가진 영향력의 힘을 확인할 때 자기가 중요한 사람이고 중요한 일을 한다는 것을 인정하게 된다.

　이 네 영역에서 스스로 높은 평가를 하게 되면 매우 긍정적인 자기 이미지가 형성되는 동시에 자존감이 높아지게 된다는 것이다. 그러므로 아이를 지도하는 교사나 양육하는 부모는 항상 위의 네 가지 항목을 염두에 두고 아이를 대해야 한다. 넌 얼마나 중요한 인물인지 모른다고, 네가 하는 일은 언제나 멋있고 결과가 좋다고, 생각이나 행동이 매우 바람직하다고, 마지막으로 너는 중요한 인물이라서 우리 모두에게 소중한 영향을 미치고 있다고 끊임없이 지속적으로 일관되게 깨우쳐주어야 한다. 이렇게 할 때에 긍정적인 자기 이미지를 형성하고 높은 수준의 자존감을 갖게 된다.

자존감의 구성요소

부모가 자녀에게 해 줄 수 있는 일은 한계가 있다. 이 한계를 극복하고 뛰어넘을
수 있도록 영적인 영역에 관심을 가져야 할 것이다.

샤벨손(Shavelson)은 자존감의 위계표[4]를 제시했는데 일반적 자
존감의 구성요소를 학업적 자존감(academic self-esteem), 사회적 자
존감(social self-esteem), 신체적 자존감(physical self-esteem)의 세 요소
로 정리했다. 각각의 자존감 요소에는 하위 요소들이 있어서 그
하위 요소들을 통해 자존감을 높일 전략을 얼마든지 세울 수 있
음을 암시했다. 예를 들면, 학업 자존감의 하위 요소들엔 각 교과
목이 있다. 그러므로 전반적으로 학업 성적이 낮다고 해도 그중
에 어떤 한 과목이라도 잘하게 되면 그 기회에 학업 자존감을 높
일 수 있다. 중요한 타인으로서의 부모나 교사는 아이들의 자존
감을 세우기 위해 세심한 전략으로 지도해야 한다. 다소 극단적
인 예가 될지는 모르지만 일반 과목을 전반적으로 못하는 아이인

---

4) Berk. Laura E(1991, p.439). Child Development.

데 예체능 과목의 음악 성적이 좋다면, '와, 우리 똘똘이 음악 공부 참 잘하네!'를 거듭하다 보면 자신이 공부 잘하는 아이라고 착각하게 된다는 것이다. 부분 자극의 확대 효과를 기대해 보는 것이다. 그 기본 힘으로 다른 과목도 열심히 하게 될 것을 기대할 수 있음을 말하는 것이다. 그리고 이것은 얼마든지 가능하다. 어떻게든 부모나 교사는 아이들의 자존감을 키워줄 여러 방법을 생각해야 한다.

뒤에서도 나오겠지만 안면장애를 가진 김희아 씨는 홍반으로 일그러진 얼굴 때문에 고개를 들지도 못하고 얼굴을 푹 숙이고 다녔다. 그런데 중학교 때 음악 선생님의 말 한마디가 자기를 자신감 있는 학생으로 바꾸었다고 말했다. '희아 노래 참 잘하네!'라는 그 말 한마디가 당당하고 자신 있는 학교생활을 할 수 있는 동기가 됐다고 한다. 당시 맨 앞자리에 앉았던 희아 씨는 노래를 잘한 것이 아니고 단지 입을 크게 벌렸다고 한다. 그 모습을 보고 선생님이 인정해준 그 말 한마디! 이 말은 희아 씨에게 얼마나 힘이 되고 기를 살려주는 보약 같은 말이 되었던가! 이런 결정적인 말 한마디를 부모나 교사는 끊임없이 찾아내야 한다.

학업 자존감

학업 자존감은 공부하는 영역에서의 자존감을 말한다. 공부를 통해서 주변 사람들로부터 칭찬과 인정을 받게 되면 '난 공부를 잘하는 사람이야'란 자기 이미지가 형성된다. 그리고 스스로를 자랑스러워하게 된다. 이 학업 자존감을 키워주려면 지혜로운 부모가 되어야 한다. 아이가 자라서 초등학교에 들어가게 되면 평가로 인해 부모의 마음이 편치 않을 때가 종종 있다. 제일 처음에 평가를 받는 것이 '받아쓰기'이다. 글자와 문장을 익혀야 하는 시기라서 거의 매일 받아쓰기를 하는 교사도 있을 정도로 중요하게 다룬다. 그래서 받아쓰기를 하는 날엔 그 전날 집에서 미리 연습도 시키며 백 점을 맞게 하기 위해 부모들은 집에서 많은 노력을 한다. 그런데, 어디 뜻대로만 되는가? 아이가 백 점을 못 받아오면 속을 끓이는 부모가 더러 있다. 마음으로는 잘했다고 말해줘야지 하고 생각하지만, 다른 아이가 백 점 맞은 것을 알게 되면 속이 불편해지는 것이다. 그래서 '넌 왜 이렇게 틀렸냐?', '어제 엄마와 연습을 그렇게 많이 했는데 이게 뭐냐?', '그 시간에 뭘 생각했느냐?' 하는 식으로 아이에게 심문 아닌 심문을 하기도 한다. 이렇게 말하는 동안 사랑스런 자녀의 자존감은 뚝뚝 떨어지게 된다.

'다른 애들은 잘하는데 난 못하는구나.'
'난 능력이 이것밖에 안 되는구나.'
'난 어쩔 수 없이 맨날 엄마에게 야단만 맞는구나.'
'엄마로부터 사랑받기 힘들겠다.'

　중요한 타인(significant others) 중 가장 강한 영향력이 있는 엄마로부터 부정적인 피드백을 자주 받다 보면 자신도 스스로에 대해 낮은 평가를 한다. 부모는 잘하라고 한 말이지만 그런 말을 듣게 되면 속상해지기 쉽다. '그래, 다음엔 더 잘해야지. 내가 누군데.' 이런 생각을 하기란 쉽지 않다.

　이처럼 1학년 때 시작하는 받아쓰기야말로 부모역할을 얼마나 잘하느냐를 테스트할 만한 첫 번째 관문이다. 그러면 어떻게 하면 받아쓰기를 계기로(받아쓰기를 대표적인 예로 들었을 뿐이지 모든 수행평가 및 학습활동이 다 포함됨) 학업 자존감을 높일 수 있을까? 아이가 백 점을 맞았을 때야 거의 모든 부모가 칭찬과 인정을 확실히 해주므로 문제가 되지 않는다. 그런데 그렇지 못했을 때 이렇게 말해주면 어떨까?

　'네가 틀리지 않고 정확하게 잘 쓰려고 노력한 흔적(모습)이 보인다.'
　'10개 다 맞고 싶었던 네 마음 엄마는 알아. 그래도 일곱 개나 맞은 것은 잘한 거야. 세 개는 지금 다시 쓰면 잘할 수 있지? 엄마가 낱말을 불러볼 테니 다시 써 봐.'
　'틀린 것보다 맞은 것이 더 많잖아, 얼마든지 잘할 수 있어.'
　(만일 틀린 개수가 더 많다면 맞은 것만 집중해서 인정해준다.)

'이렇게 어려운 글자를 어떻게 맞추었지?'

그러다가 백 점을 맞아오면,

'거 봐, 난 네가 이렇게 잘할 줄 알았어.'
'어떻게 실수를 안 하고 다 맞을 수 있었을까?'
(실수를 줄이는 것도 실력임을 은연중에 알게 한다.)
'노력해서 안 되는 것은 없단다.'
(노력의 과정을 중요하게 생각하는 태도를 형성해줄 수 있다.)
'엄마가 이렇게 기쁜데 넌 얼마나 더 기쁘겠니?'
'선생님이 불러주실 때 집중해서 잘 들었구나.'
(선생님 말씀을 집중해서 잘 듣는 태도의 중요성을 가르쳐줄 수 있다.)
'지난번보다 점수가 올랐으니 넌 점점 잘할 것으로 기대가 된다.'

이런 식으로 칭찬과 인정을 겸해서 말하면 백 점 맞은 기쁨을 누림과 더불어 실수 줄이기, 노력과 집중의 중요성을 깨닫게 하고 스스로에 대한 긍정적 기대감을 불러일으킬 수 있다. 이렇게 하기 위해서는 부모도 훈련이 필요하다. 즉흥적으로 내뱉고 싶은 말을 자제하며 깊이 생각해서 자녀에게 장기적으로 도움이 되는 선택을 하는 것이 습관화되어야 한다.

그래서 부모에게 지혜가 필요한 것이다. 아는 것만 가지고는 안 된다. 좋은 부모역할을 하기 위해서는 일상생활을 통해 훈련을 해야 한다. 그런 습관화의 과정이 바로 부모 훈련인 것이다.

그런데 학업 자존감을 키워주고 싶어서 열심히 아이의 학습결과를 관찰하는데 아무리 찾아봐도 인정해줄 것이 없어 답답하다는 엄마도 있다. 참으로 안타까운 일이다. 이렇게 아무리 찾아도 인정해 주거나 칭찬해줄 만한 결과가 보이지 않을 때는 어떻게 하면 좋을까?

학업, 공부, 학습을 덩어리로 보지 말고 쪼개서 보는 방법이 있다. 즉, 각 교과목을 한 개의 단위로 보는 것이다. 수학은 못해도 국어는 잘하기도 하고, 국어 중에서도 읽기를 잘하는 아이도 있다. 주지 과목은 약해도 예능 과목 중 한 과목을 잘할 수도 있다. 한 과목 안에서도 특정한 영역에 흥미나 관심을 쏟고 있는 경우도 있다. 예를 들면, 음악과의 여러 영역 중 다른 것은 어려워해도 '리코더 불기'는 끝내주는 아이도 있고 미술과의 경우도 디자인을 남다르게 해서 돋보이거나 작품의 마무리를 끝까지 잘하는 등 자세히 찾아보면 어떤 것 한 가지는 칭찬할 것이 있기 마련이다.

이는 심리학 개념인 '부분 자극의 확대효과'와 관련이 있다.

즉, 어떤 한 가지를 집중적으로 칭찬받거나 인정받게 되면 칭찬을 받는 사람은 그것을 전체로 확대해서 듣는다고 한다. 예를 들어, '넌 어쩜 그렇게 눈이 수정처럼 맑고 예쁘니?'란 말을 자주 듣는 아이는 눈만이 아니라 자기 전체 모습이 예쁘다고 확대 해석을 하면서 긍정적인 자아상을 키운다고 한다. 이런 심리적인 메커니즘을 활용하여 자녀의 자존감을 높여주는 부모야말로 지혜로운 부모이다.

이 효과를 학습영역에서 생각해보자. 학습영역의 수행결과에 자신이 없거나 시험결과만을 가지고 '나는 공부를 못하는 사람'이란 자기 이미지를 갖고 있는 아이들을 살펴보면 뭔가 한 가지 정도는 인정받을 만한 것이 있다. 그런데 시험을 본 후, 과목 전체를 묶은 평균점수가 낮다고, 다른 아이와 비교해서 좀 떨어진다고 주위에서 부정적인 핀잔을 자주 듣다 보면 학업 자존감은 떨어질 수밖에 없다. 이런 현상을 회복해야 하지 않겠는가? 부모나 교사가 지혜를 발휘해서, '넌 어쩌면 그렇게 리코더를 잘 불 수 있니?', '이야! 똘똘이는 읽기 하나는 끝내줘. 누구도 따라오기 힘든 목소리야. 이다음에 배우나 성우를 하면 잘 하겠어!'

이런 식으로 칭찬을 하면 내적인 자신감이 생겨서 자신이 못하는 영역에 대해서도 '한번 해보자!'는 도전 정신이 생기는 것을 볼 수 있다. 즉, 학업 자존감을 키워줄 수 있는 것이다.

다시 한번 정리하면, 전체(덩어리)로 보지 말고 부분으로 쪼개서 어느 한 부분이라도 잘하는 점을 부각시켜 인정해주는 것이 학업 영역에서 자존감을 키워주는 전략임을 명심하고 오늘부터 자녀에게 또한 남편이나 아내에게 적용해보자.

'이렇게 더운데(추운데) 어떻게 공부를 다 마치고 왔을까? 역시 우리 아들(딸)이네.'
'회사 업무 스트레스가 많다던데 그 모든 것을 극복하고 일을 마치고 온 당신이 자랑스러워요.'
'당신은 우리 가족의 희망이에요.'
'아무리 좋은 데 가서 회식을 해도 난 당신이 이렇게 집에서 준비해준 밥이 제일 맛있어!'

온 가족이 서로를 인정해주는 가족 문화가 형성이 된다면, 모두가 행복할 수밖에 없다. 가족의 행복을 위해서는 서로서로 자존감을 높여주는 것이 첫 번째이다.

사회적 자존감

사회적 자존감은 대인관계 영역에서 자기 이미지를 긍정적으로 형성하여 자기를 소중하게 여기는 것을 말한다. 다른 사람들을 편안하게 만나고 적극적인 관계를 맺는 것은 개인이 가진 소중한 능력이다. 스마트폰이 상용화되면서 사회적인 관계가 약화되고 있는 현상이 점점 늘어나 미래가 안타깝고 걱정스럽다. 교사나 부모는 이러한 미래 사회를 예견하면서 든든한 사회적 관계망을 마련해 주기 위해 고심해야 한다.

아기가 집안에 태어나면 온 가족이 둘러앉아 아이를 축복하고 지속적으로 사랑의 메시지를 준다.

'어쩜 이렇게 잘생겼을까?'
'우리 아가 세상에서 제일 예쁘다. 잘생겼다.'
'넌 우리 집에서 가장 소중한 보배야.'

그리고 조금 커서 세 살 정도가 되어 상호작용이 자유로운 단계가 되면 감정도 주고받고 표정이나 말도 주고받으며 여러 사람들 사이에서 즉, 사회적인 관계 속에서 살아가는 존재임을 인식하게 된다. 이처럼 사회적 자존감이란 관계 속에서의 자신이 귀하고 소중함을 스스로 인정하는 것이다.

이 자존감이 높으면 친구 사이에서 인기도 많아지고 친구를 폭넓게 사귈 수 있다. 다양한 친구들이 그를 좋아하고 따르게 된다. 이런 아이들은 성격이 대체로 매우 좋다. 그러니까 자연히 자신감이 넘치고 매사에 적극적이며 낯선 상황에서도 우물쭈물 대거나 위축되지 않는다. 혹 일의 추진 과정에서 실수할지라도 그 실수를 곧 인정하고 다시 도전해 보려 한다. 이 자존감은 관계에서 형성되므로 생후 초기에는 주 양육자인 부모에게서 오지만 차츰 또래로부터의 피드백에 영향을 받는다.

초등학교 6학년 때 필자의 은사님이 자주 하시던 말씀이 생각난다.

– 얘들아, 친구가 얼마나 소중한지 아니? 엄마 팔아서 친구 산다는 말이 있단다.

그땐 도대체 그게 무슨 말일까 잘 이해가 안 갔다. 그게 무슨 말일까 궁금했는데 지금에 와서 생각하니 아주 실감이 나는 말이다. 아이가 성장하면서 사회적 관심은 점차 부모를 떠나고 친구에게로 향한다. 이 친구들과 평생을 함께 가면서 삶을 나누게 된다.

이 자존감을 높여주려면 어떻게 하는 것이 좋을까?

자존감이란 심리적인 느낌과 힘이기 때문에 순전히 주관적인 영역이다. 한 아이가 성장하는 과정의 다양한 경험에서 형성되는 것이다. 그러므로 부모는 의도적으로 자녀가 다양한 사람들을 만날 수 있는 환경을 마련해 주어야 한다. 요즘 양육 부담의 문제로 외동이만 둔 가정이 늘어나고 외식 문화가 팽창하면서 집에서 손님을 대접하는 일도 줄어들었다. 명절에 여러 가족이 함께 모여 정을 나누는 아름다운 전통이 점점 편리 위주로 변질되는 것은 생각해 봐야 할 일이다. 성장기 자녀들에겐 다양한 친척들이 모여서 삶을 나누는 경험이 필요한데 말이다.

부모는 자녀가 좋은 친구들을 만날 수 있는 환경을 의도적으로 마련해주어야 한다. 그런데 여기서 '좋은 친구'의 범위가 문제가 된다. 언젠가 학부모 교육시간에 의견을 들어보았다. 모든 부모는 자녀가 좋은 친구를 사귀기 바라는데 도대체 좋은 친구의 조건을 무엇으로 보느냐고 물어보았다. 그때 여러 학부모가 답한 것을 요약하면, 학부모들은 대개 다음과 같은 기준을 가지고 있었다.

1. 공부를 잘하는지 여부
2. 부모의 사회경제적인 지위 여부
3. 태도가 좋은지 여부(인상은 좋은지, 인사는 잘하는지, 바른 언어를 쓰는지 등)
4. 학교에서 칭찬과 인정을 받는지 여부
5. 기타 등등

자기 자녀가 어떤 친구들을 사귀기를 바라는지가 여실히 드러나 있다. 내 자녀가 소중하니 친구를 골라 사귀게 하고 싶은 마음은 어느 부모나 모두 같다고 본다. 그러나 학급에는 서로 다른 환경에서 자란 아이들이 모여 있다. 그들 중에는 공부를 못하는 아이도 있고 한 부모 가정이나 조손 가정에서 자란 아이도 있을 것이며, 언행이 거칠고 태도가 좋지 않은 아이도 있을 것이다. 이런 환경 속에서 좋은 친구를 골라 사귀도록 하는 것은 어려서부터 사람을 차별하는 태도를 은연중에 형성시켜 주는 셈이다. 이렇게 되면 자녀의 인성 형성에 도움이 안 된다.

그렇다면 어찌해야 좋을까?

그동안 상담실을 통해 '더 좋은 부모 되기 교육'을 할 때 부모들에게 당부했던 일이 있다. 자녀를 귀히 여긴다면 자녀가 생활하는 환경도 함께 고려하며 모든 아이들을 품어 달라고. 아무리 자기 자녀를 잘 키워도 주변 환경이 나쁘면 불안해진다. 그것은 그 자녀가 생활하는 인적·물적 환경을 통제하기 쉽지 않음을 말한다. 만일 내 아이가 생활하는 환경이 거칠고 불안하다면 부모의 걱정은 끊이지 않을 것이다. 이렇듯 환경의 영향을 무시할 수 없으니 그 환경에 해당하는 인적·물적 여건들을 함께 품자고 강조했던 것이다.

그 말에 많은 학부모가 공감을 해주었다. 교육 초기엔 학급에 있는 문제 아이들에 대한 불만을 토로하던 분위기가 점차 바뀌어 가는 것을 볼 수 있었다. 문제 행동을 하는 아이들을 집으로 불러서 관심을 가져주자고 하였다. 맛있는 음식도 만들어주면서 착한 심성을 자극하도록 해주자는 데에 의견을 모았다. 협조하던 그분들에게 지금도 고마운 생각이 든다.

이것이 바로 '한 아이를 기르기 위해 온 마을이 필요하다(It

takes a village to raise a child).'는 아프리카의 정신이다. 이런 마음으로 아이들을 품게 되면 내 자녀가 처한 생태체계 환경을 안전하게 구축하는 셈이다. 이런 환경에서 내 아이를 자라게 하려면 모든 부모들이 '내 아이, 네 아이, 우리 아이'라는 생각으로 품어야 한다. 그래야만 문제 행동을 예방할 수 있다.

또 한 가지 짚고 넘어갈 것이 있다.

아이들의 생활 세계에서 걱정스런 일은 부모의 양육 태도나 양육 분위기 및 양육 방식에 따라 아이들의 도덕적 수준 차이가 크다는 것이다. 어른이 보기에는 자녀 친구들의 도덕적 수준차가 보이지만 아이들은 눈치를 못 챈다. 아이들에게 있어서 이 부분은 별로 중요하지도 않다. 그래서 어린 아이들이 천진하고 순진하다고 하는지도 모르겠다.

사춘기 자녀들에게 '그 친구 좀 걱정스러우니 사귀지 말라'는 말은 함부로 하기가 조심스럽다. 왜냐하면 이미 친한 친구로 지내며 잘 소통하고 있는데 부모가 갑자기 그 친구를 나쁘게 이야기하면 오히려 반발이 일어날 수 있기 때문이다. 엄마 팔아 친구 산다고 할 정도로 친구에게 마음이 쏠리는 시기이므로 그렇다. 그리고 계속 그런 식으로 엄마가 말을 하면 아예 엄마와 소통을 하지도 않으려고 할 수도 있다. 그러므로 아이의 심리를 이해하고 세련된 대화기술을 사용해서 자녀의 생각을 존중하며 조심스럽게 대화를 나누어야 한다.

예를 들어 욕을 심하게 하는 아이가 있다고 치자.

어린 시절 특히, 초등학교 저학년 때는 그런 친구와 사귀지 말라고 하면 '응, 알았어. 엄마.'라고 말하는 동시에 '그 친구는 정말 나쁜 친구인가 보다. 엄마 말대로 같이 놀지 말아야지.' 하고 반응하기도 한다. 그러나 사춘기가 되어 친구에게로 마음이 쏠리는 시기가 되면 오히려 새로운 욕을 많이 하는 친구가 부럽기도 하고 존경스럽기도 하여 같이 따라 하기를 원하기도 한다. 그렇게 용기 있게 욕설을 하는 친구들 모임에 소속된다는 것은 마치 자기도 용기 있어지는 것이라고 동일시하는 경향이 있다.

결론은, 사회적 자존감을 키워주면 자녀의 미래를 든든하게 준비하는 셈이다. 이를 위해 좋은 친구를 사귀면서 관계 영역을 넓힐 수 있게 하자. 다양한 경험을 하게 함으로써 자신감과 도전적인 태도를 길러주자. 이때, 좋은 친구를 미리 한정 짓지 말자. 모두가 좋은 친구가 되도록 품어주는 역할을 부모들이 함께하자고 당부하고 싶다.

신체적 자존감

신체적 자존감은 자신의 신체와 관련지어 형성된다. 외모와 기능 및 신체적 능력에서 스스로 긍정적인 이미지를 형성하여 자부심을 가질 뿐 아니라 그것을 바탕으로 자기를 소중한 존재로 여기는 것을 말한다.

객관적으로는 별로이지만 자신의 외모에 대단한 자부심을 가지고 있는 사람이 있다. 또 어떤 사람은 객관적으로는 모두들 잘 생겼다고 하는데 정작 본인은 만족을 하지 못하고 자신감이 없는 사람들도 있다. 이처럼 자기 신체에 대한 셀프 이미지는 외부적인 것에 기인하기보다는 내부적인 심리요인에 더 강한 영향을 받는다. 신체적 자존감 또한 성장하는 동안 중요한 타인이 지속적으로 인정해주는 것이 도움이 된다. 중요한 타인은 부모나 교사 그리고 또래집단을 말한다.

'너 참 잘 생겼다.'
'유명한 배우 닮았네?'
'인상이 특별히 좋아 큰 인물이 될 것으로 기대된다.'
'네 코는 백만 불짜리 코야, 나도 닮고 싶다.'
'너처럼 키가 크면 얼마나 좋을까? 부럽다!'
'나이가 들어도 넌 항상 동안(童顔)이냐?'

이러한 신체와 관련지은 긍정적 피드백에 의해 신체 자존감은 커진다.

외모와 더불어 신체기능이나 능력도 영향을 미친다. 외모는 별로라도 달리기나 축구에서 놀라운 두각을 나타낸다든지, 수영대회에서 늘 상을 탄다든지, 키는 작아도 학급대항 릴레이 경주에서 언제나 대표 선수로 뽑힐 만큼 달리기 기능이 뛰어나든지, 특별한 운동기능이 뛰어나서 대회에 나가면 좋은 성적을 거둔다든지 하게 되면 신체 자존감은 당연 높아진다.

요즘 성형 열풍이 불고 있는데 바로 신체 자존감과 관련이 있다. 신체 또는 얼굴의 일부분에 자신감이 없는 사람이 성형을 해서 원하는 모양이 되었을 때 자신 있고 당당한 태도로 생활할 수 있다면 시도해보는 것도 좋다. 그러나 습관적으로 성형을 한다면 심리적으로 만족하지 못해 그러는 것일 수도 있다. 이 경우는 성형을 통해 회복될 자존감과는 거리가 있다고 본다.

앞에서 소개했던 김희아 씨 이야기를 또 해야겠다. 그분은 『내 이름은 예쁜 여자입니다』란 제목의 책을 펴냈다. 〈여유만만〉과 KBS의 〈강연 100도〉에 나와서 많은 감동을 준 그분이야말로 바로 신체 자존감이 매우 높은 분이다. 신체 자존감뿐 아니라 사회적 자존감, 가족 자존감, 영적 자존감 모두 높은 분이다. 객관적으로 볼 때 전혀 자랑할 만하지도 않고 오히려 세상 속으로 움츠려 숨어들고 싶을 만한 조건을 가진 분이 어떻게 저렇게 당당할까? 신기할 정도였다.

그뿐만이 아니다. 결혼도 연애결혼이었다. 외부의 조건을 보지 않고 내면의 아름다움을 발견한 한 남성과 연애도 했고 당당하게 결혼하여 두 딸까지 두었다. 그런데 그 초등학생 두 딸이 또 얼마나 엄마를 자랑스러워하는지 기특했다. 학교의 수업공개 행사 때마다 엄마를 꼭 참석하게 한단다. 두 딸이 엄마의 얼굴에 있는 흉한(결코 예쁘지 않은) 점을 복점이라고 당당하게 자랑하는 모습을 보며 많은 감동을 받았다(http://wisdo.me/2086 참고). 물론 그런 멋진 일들이 있도록 가족을 책임지고 아내를 격려하며 인정해준 남편의 역할이 그만큼 훌륭했기에 가능했을 거라고 생각한다.

이 분이야말로 바로 신체적 조건, 외모와 상관없이 심리적인 힘으로서의 자존감을 확실히 보여주는 사례다. 자존감이 높으면 객관적인 제약 조건을 뛰어넘는 이런 일들이 허다하게 일어난다. 이런 일들을 보면 남부러워할 만한 모든 조건을 가지고도 힘들게 살아가거나 부끄러운 선택을 하여 삶을 포기하는 경우와 비교된다.

성형과 관련해 떠오르는 이야기가 있다. 어떤 부인이 얼굴에 듬성듬성 나 있던 검은 점 때문에 늘 신경이 쓰였다고 한다. 거울만 보면 그 점들이 먼저 보여서 속상했던 그는 어느 날, 용기를 내어 그 점을 다 빼고 얼마 후 동창모임에 나갔다고 한다. 자기 딴에는 친구들이 '어머, 너 참 예뻐졌다. 뭘 했기에 피부가 그렇게 좋아졌니?' 하고 말해주기를 기대했는데 그런 이야기는커녕 아무도 관심이 없더라는 것이었다. 결국 자기 혼자만 관심이 있었지 사람들은 그만큼 생각하지도 않고 관심도 없었다는 것을 나중에야 깨달았다는 것이다. 그 부인은 그런 경험을 허망하다는 듯 이야기하더라는 것이다. 자기의 어떤 부분이 자신이 없다고 해도 다른 사람은 그만큼 신경을 쓰지 않으므로 그 집착으로부터 자유로워지자는 교훈을 주는 경험담이다.

필자는 평생을 다양한 환경의 아이들 및 성인들을 만나면서 기존의 연구 결과에 뭔가 부족한 것이 있음을 생각하게 되었다. 그동안 학교 상담실을 10여 년 동안 운영하면서 다양한 상황과 사례를 경험했다. 그때에 만났던 많은 아이들과 학부모들, 강의를 통해 만났던 많은 교사들의 삶을 들으면서 '그래, 바로 저거야!' 하는 순간들이 있었다. 필자는 그 내용들을 자존감에 영향을 미치는 기존의 요소에 추가하여 소개를 하고자 한다.

물론 이 내용이 학문적인 연구를 통한 결과가 아니어서 조심스럽긴 하다. 하지만 연구라는 것이 세상의 모든 일들을 다룰 수도 없거니와 다루지도 못하는 것임을 누구나 알 것이다. 그리고 관찰은 되는데 연구 설계를 하기는 쉽지 않은 것들도 있다. 비록 변인으로 선정하여 연구 설계를 할 순 없어도 인간 세상에는 무시하거나 간과할 수는 없는 일들이 더 많을지도 모른다. 인간 세상의 모든 일들을 학문적으로만 보는 데는 한계가 있음을 인정할 것이다. 세상의 일들을 학문의 틀 안으로 집어넣으려 하다가 중요한 일들을 놓치는 경우도 있지 않겠는가?

그런 맥락에서 자존감을 좀 더 생각해보고자 하는 것이다.

자존감이 자기를 소중히 여기는 본인 자신의 느낌이라면, 그리고 그 느낌이 중요한 타인들로부터 오는 것이라면 그 두 가지 요소는 얼마든지 대체할 수 있다는 생각을 하게 된 것이다. 그 생각을 하니 샤벨손의 위계도에서 뭔가 2% 아쉽고 부족하다고 느꼈던 의문이 해결되었다.

그 2%는 '이름 자존감', '가족 자존감', '영적 자존감'이다. 물론 추가한 이 요소들은 연구결과에 의한 것이 아니므로 누군가 이 부분에 대해 반박을 한다 해도 어쩔 수 없다.

아이들을 키우고 가르치는 과정에서 경험한 사실들이다. 아이들이 자신을 소중하게 여기면서 중요한 존재로 인식하기만 하면 아이들의 태도나 행동은 달라진다. 아이들의 심리적 뿌리가 든든해져서 여간한 외풍에도 흔들리지 않는다면 그보다 더 좋은 일이 어디 있겠는가? 게다가 자존감을 높여줄 수만 있다면 회복 탄력성 즉, 역경을 딛고 튀어 오르는 힘을 높이는 데도 기여를 할 수 있지 않겠나?

요즘같이 어려움을 겪는 젊은 세대에게 딛고 튀어 오를 수 있는 도움닫기 발판을 마련해 준다면 이런 글을 통해 얼마든지 아이들과 부모에게 자존감을 강조해도 괜찮으리라고 자위한다. 자존감은 결국 자기를 지탱하는 심리적인 힘이기 때문이다.

그러면 이제 보완해야 할 구성 영역들에 대해 살펴보고자 한다.

이름 자존감

이름은 매우 소중한 것이다. 평생을 다른 사람들로부터 불리며 자기를 대표한다. 또한 죽어서까지 묘비명에 새겨져 후손에게 불리어지니 얼마나 값진 것인지!

이름엔 저마다의 의미가 담겨있다. 부모가 이름을 지을 땐 몇 날 며칠을 고민하며 짓는다.

나도 두 아이의 이름을 지을 때 좋은 이름을 짓기 위해 고심하느라고 마음이 매우 무겁고 부담이 되었던 기억이 난다.

큰아들을 낳고 산후조리 하느라 방안에 누워있는데 집안 어른들이 손자의 이름을 짓기 위해 거실 마루에 모여 앉아서 의견을 나누시던 일이 생각난다. 시아버님이 '너희들이 수락산 기슭에서 서로 만나 교제를 하고 결혼을 했으니 물 이름 洛을 써서 重洛으로 하는 게 어떻겠니?' 하고 의견을 내셨다. 산후조리로 누운 채 그 말을 들은 난 '우리 시아버님이 참 멋진 분이구나.' 하고 생각했던 기억이 있다. 그러다가 여러 어른들의 의견이 모아져 어진 사람이 되라는 뜻으로 중현(重賢)이라고 지었다.

당시(1977년) 새내기 부모가 된 우리 부부는 어른들의 결정을 수용하는 입장이었다. 현(賢)의 '어질다'는 의미와 음의 조화가 부르기도 쉬웠고, 느낌이 매우 좋아 다른 의견을 제시할 필요가 없었다.

작은 아들을 낳고 나니(1980년) 시아버님께서 둘째는 부모인 우리더러 직접 지으라고 하셨다. 그 말씀을 듣고 나니 비로소 '아, 우리에게 책임이 주어지는구나!' 하는 생각과 더불어 부모 된 독립심과 책임감, 양육에 대한 부담감으로 마음이 더 무거웠던 기억이 있다.

그래서 몇 날 며칠을 고심하는데 하루는 꿈에서 우리 아기가 동그란 눈을 뜨고 내게 '아, 중의야 중의!' 한다. 꿈을 깨고 나서도 선명하게 남아있던 장면이 나 스스로도 신기해서 남편에게 말했더니 남편은 즉시 시아버님께 말씀드렸다. 꿈에 보인 한자까지 말이다. '我, 重儀야! 重儀!' 시아버님은 그 얘기를 듣고 나서 단번에 그렇게 짓자고 하시는 것이었다. 그렇게 되니 내 마음이 갑자기 무거워져 왔다. 평생 불러야 하는 이름인데 내 꿈과 관련하여 결정을 그렇게 쉽게 한다는 것이. 우리 부부는 이름에 의미를 더하려고 생각해보았다. '거듭나서 의인이 되어라, 또는 의를 중요하게 생각하라.' 의미만으로도 꽤 괜찮다고 의견일치를 본 후 重義라고 지었다.

지금도 우리는, '네 이름은 네가 직접 지은 거야.'라고 강조한다. 한 사람의 이름을 짓는 것은 그렇게 책임이 무거운 일이다.

이름을 짓는 경험과 관련하여 최근 일이 떠오른다(2010년). 당시, 큰아들이 보스톤에서 공부하고 있던 중이라 그곳 병원에서 태어날 아기의 이름을 뭐라고 지을까 조부모가 될 우리도 매우 신중하게 생각 중이었다. 그러자 마침 큰아들로부터 이름을 지어달라는 부탁이 왔다. 몇 날 며칠을 이름 짓기 위해 남편과 나는 머릴 맞대고 고심했다. 남자아이라서 집안의 항렬에 맞추어야 하는 부담도 있었다. 규(揆)자가 항렬자인데 '헤아린다'는 의미의 돌림자이니 우리는 그에 어울리게 한 글자만 지으면 되었다. 마침내 그 한 글자를 넓을 홍(弘)을 쓰자고 의견이 모아졌다. 그래서 '홍규'가 어떻겠느냐고 막 아기 아빠가 된 큰아들에게 연락하니 홍규보단 규홍이가 낫겠다는 의견이 돌아왔다. 그래서 우리 손자 이름은 가문의 질서를 따라 조상을 잇고 조부모와 부모의 의견이 모아진 이름으로 규홍이로 결정이 되었다.

'규홍'이란 이름에는 '크게 생각하고 깊이 헤아려라'란 의미가 담긴 것이다. 사려 깊은 사람, 어떤 문제 앞에서도 신중하게 생각하는 사람, 자기만 생각하지 않고 주변과 여러 사람들을 함께 돌아볼 줄 아는 사람, 만일 그 아이가 학문의 세계를 즐긴다면 깊이가 있으면서도 폭넓은 이해를 하는 사람으로 자라기를 기대하는 마음이 담겨있다.

그런 마음으로 손자를 보니 이제 만 3살인데 어떨 땐 사려 깊어 보이기도 하고 깊게 생각하는 듯도 하고 두루두루 헤아리는 듯한 모습이 보일 때가 있다. 물론 독자들은 어느 정도 짐작하리라. 조부모의 허풍과 과장이 담긴 기대와 표현이라는 것을. 이름은 이처럼 처음 태어난 생명체가 세상에 자리매김을 하면서 자신의 자취를 남기는 의미가 담겨있는 것이다. 또한, 자식이 이 세상에서 어떻게 살기를 바라는가 하는 뜻이 담긴 것이라는 데에서 자기 이미지 형성에 일차적인 영향을 미친다. 그러니 어찌 이름 자존감을 생각하지 않겠는가?

이름과 관련하여 학교 아이들의 이야기를 좀 더 해야겠다.

해마다 학년 초가 되면 아이들과 하는 활동이 있다. 자기 이름을 한자로 크게 쓰고 그 이름의 의미가 무엇인지를 적도록 한 후, 모둠별로 소개를 한다. 그렇게 하면 처음 만나는 친구들의 이름도 빨리 외우게 되고 그 이름에 담긴 의미까지도 더불어 알게 되는 것이다. 활동을 마친 후, 마무리 멘트는 '올 한 해, 새로운 친구들과 함께 그 이름에 부끄럽지 않은 학교생활을 하도록 해요.'이다.

그런데 종종 벌어지는 안타까운 일이 있다. 6학년인데도 자기 이름을 한자로 못 쓰는 아이들, 자기 이름의 의미를 모르는 아이들이 꽤 많은 것이다. 반면, 내 말이 떨어지자마자 큼직하게 한자로 쓰고 이름의 의미까지 슥슥 써내려가는 아이들을 보면 대견하기 그지없다. 지금은 웬만한 학교는 한자지도를 하고 있어서 이름 정도는 쓸 수 있는데 말이다.

비록 자기 이름을 한자로 쓰진 못했어도 이름의 의미는 확실하게 알고 있는 아이가 있었다. 수레 차, 즐길 락, 빛날 희! '즐기며 빛나게 살아라'는 부모님의 기대를 항상 생각해서 그런지 얼굴표정이 늘 밝았다. 한 학기를 가르치는 동안 한 번도 짜증내는 모습을 보지 못했다. 수업참여도 긍정적으로 하고 적극적인 반응을 하면서 매시간 열심히 참여한다. 거기다 이름 아래에 다른 아이들은 적지 않은 내용까지 적었다. 부모에게 감사하고 선생님께도 감사한다는 내용을. 교실에서 이런 아이들을 만나는 일은 교사에겐 행복이다. 가정에서 인성교육이 제대로 되었음을 짐작할 수 있다.

요즘, '네 이름의 뜻이 무엇이냐?'고 물으면 해가 갈수록 '몰라요.' 하는 아이들이 늘어가고 있다. '엄마 아빠도 잘 모른대요.', '작명소에서 지어서 뜻을 모르신대요.'

아마 작명소에서 지은 부모들은 비싼 돈을 들여서 지은 이름이니 무조건 좋은 이름일 것이라고만 믿었을 것이다. 의미는 모르지만 귀한 뜻을 담고 있을 것이라고 막연히 믿는 것이리라.

이것은 자녀의 삶과는 거리가 있는 작명가를 신뢰하는 것이다. 작명가는 이름만 지어주고, 그 뒤로 아이의 삶에 아무런 관계를 맺지 않는다. 아이의 이름과 함께 살아가는 이들은 아이 자신과 가족, 친구들이다. 아이의 이름에는 이미지가 담겨있다. 그 이미지는 살아가면서 여러 추억이 쌓인 산물이다. 이름을 좋아하거나, 싫어하거나, 함께 해온 세월 동안 이름에는 여러 이미지와 의미가 담기기 마련이다. 이 이름 이미지는 가까운 이들만이 공감대를 형성할 수 있다. 부모는 자녀와 대화하며 성장과정에서 자녀의 삶이 이름값을 하도록 소통하는 과정이 필요하다. 그래서 자존감 관련 학부모 강의를 할 때는 거의 빠지지 않고 강조하는 부분이 바로 '이름 자존감'이다. 그런데 의외로 이런 이름 자존감의 중요성을 모르는 부모들이 많아서 안타깝다. 그래도 강의를 들은 학부모는 그날 집에 가서 꼭 자녀와 함께 이름의 의미를 생각하는 활동을 하겠다고 다짐하며 돌아간다.

자신의 이름이 무슨 뜻인지 당당하게 말하지 못하는 요즘 아이들의 모습을 보면서 그 중요성을 놓치고 지나가는 것이 아쉬워서 장황하게 설명했다. 그래서 한 번 더 강조하고 싶다. 혹시 아직도 자녀의 이름에 담긴 의미를 알려주지 않았다면 가족 모임을 적어도 주 1회는 갖자. 그때 자녀 이름의 의미를 꼭 알려주어 이름 자존감을 세워주자.

요즘은 아름답고 예쁜 우리말 이름이 많다.

함박눈, 이기쁨, 정주리, 이 봄, 한여름, 이가을, 장겨울, 임방글, 정겨운, 여공주, 한미리내, 이새봄, 공들임, 송이송이, 온누리 등등.

이런 이름들을 듣다 보면 그 이름의 주인공도 함께 아름답게 연상이 된다. 그 이름을 지은 부모의 재치가 돋보인다는 생각이 든다. 특히, 송이송이란 이름은 얼마나 고운가?

반면, 어떤 이름은 의미는 좋은데 성과 함께 부를 때 놀림을 당하기 쉬운 이름들도 있다. 특히, 초등학교 아이들은 이름과 관련 지은 별명을 놀림감으로 삼는 경우가 많기 때문에 성과 함께 부를 때 잘 어울리는지에 대해서도 반드시 신경을 써야 한다.

임신중, 강성기, 박아지, 안효자, 이강도, 방귀남, 김만두, 왕변태, 권태기, 석을년, 구덕이, 강도범, 배신자, 전대표, 전우표, 전고자, 신기해, 백만인, 조이삭, 한심이, 배상자, 전무식, 신병신, 변기용, 김치국, 경운기, 김하녀 등등(이분들에겐 매우 죄송한데 이미 방송이나 언론에 소개되었던 바임).

언젠가 방송과 신문에서 특이한 이름으로 소개되었던 이름들이다. 지금은 성인이 되어 이해를 하지만 자랄 때는 많은 놀림을 받아서 그런 이름을 지어준 부모 원망도 많이 했다고 말하는 것을 들었다. 한자의 뜻과 의미는 좋아서 그분들의 부모님도 심사숙고해서 지었을 것이다. 성인이 되어 개명을 준비하고 있는 분도 있고 이미 개명 허가를 받은 사람도 있다고 하니 다행스러운 일이다.

결론적으로 이름에 대한 자부심을 가지고 그 이름에 담긴 뜻대로 살아가려는 긍정적인 노력의 과정에서 자존감은 더욱 빛나리라고 본다.

가족 자존감

부모들은 어떻게 하면 가족 자존감을 키우는 가정 분위기를 만들 수 있을지에 대해 지혜를 모아야 한다.

앞에서 소개했던 김희아 씨는 대구에 사는 두 딸의 어머니인데 남편과 함께 매우 화목한 가정을 꾸리고 있다. 이 분이 언젠가 TV에 나와서 자기 이야기를 풀어나갔다. 안면장애이므로 얼굴이 기형인데도 어찌나 밝고 당당한지 굳건한 가족의 힘을 느낄 수 있었다. 김희아 씨는 학창시절에 늘 자신감이 없어서 머리카락으로 얼굴을 가리고 고갤 숙이고 다녔다고 한다. 그러다가 중학교 1학년 때 음악교사가 입을 크게 벌리며 노래 부르는 희아 씨의 모습을 관찰하더니 '희아 노래 참 잘하네' 하더란다.

학교에서 처음 들은 칭찬과 인정! 그때의 기분은 말로 표현할 수 없이 좋았다는 것이다. 친구들의 박수를 받은 그때 비로소 자신감이 생겼다고 한다. 그 이후로 머리카락도 뒤로 묶고 당당하게 다닐 수 있었고 늘 땅만 보고 다니던 고개도 들고 다닐 수 있었다고 한다.

중요한 타인(의미 있는 타인)의 말 한마디는 이렇게 힘이 있다. 성인이 되어 이해심 많고 속 깊은 남편까지 만나 결혼도 하고 행복하게 살아가는 그 가정에서 가족 자존감은 대단한 것이다. 김희아 씨처럼 사랑으로 하나가 되어 서로를 위하는 가족이 된다면 얼마나 좋을까? '우리 가족은 소중하다, 자랑스럽다, 우리 식구들 모두 하나하나가 소중하고 귀하다.'는 인식으로 똘똘 뭉치게 된다. 이것은 대단한 에너지가 되어 가족 구성원 한 사람 한 사람이 힘차게 세상으로 발을 내딛게 하는 근원이 된다. 이 보금자리 안에서 자라는 자녀들은 정서적으로 안정이 된다. 그리고 그들을 키워주는 부모를 자랑스러워하며 순종한다. 나아가 자신의 꿈을 이루는 데 온 힘을 기울일 수 있게 된다. 어떤 역경이나 스트레스가 오더라도 서로를 진정으로 아끼는 가족의 힘이 있으므로 극복해 나갈 수 있다. 바로 회복 탄력성을 발휘하면서 말이다.

현대를 살아가는 많은 가족구성원들이 심리적인 유대가 약하다. 가족끼리 서로 비난하기도 한다. 서로에 대한 불만으로 가득 차 있다. 가정이 쉼터가 아니라 긴장의 장소가 되는 경우도 많이 본다. 가정은 직장과 학교에서 쌓인 피로를 푸는 곳이다. 쉼을 통해 에너지를 재충전하는 곳이어야 한다. 그런 가정이 이렇게 되면 어찌 가족 자부심을 가질 수 있겠는가?

자녀에게 가장 영향력이 있는 사람은 바로 부모이다. 가족끼리 칭찬과 인정, 그리고 격려하기가 생활화되도록 그야말로 '홈 스위트 홈' 분위기를 만드는 것은 부모 특히, 엄마의 몫이다. 이렇게 가족 자존감까지 키울 수 있다면 자녀의 성장기가 매우 행복할 것이다.

동화작가 황선미 씨의 글은 늘 읽어도 가슴 뭉클한 감동이 있다.

『마당을 나온 암탉』, 『나쁜 어린이 표』 등 아이들의 심리세계를 어찌 그렇게 자세하게 묘사할 수 있는지 놀랍다. 동화 속의 소재는 일상의 문제들에서 자연스럽게 가져오는데 아름다운 반전은 언제나 놀랍고 어른이 읽어도 감동적이다.

부모들에게 그녀의 책 『초대받은 아이들』을 읽어보길 권한다. 학급에서 소외당하는 아들을 위해 엄마가 얼마나 지혜로운 계획을 준비하는지! 그런 부모가 자녀에게 진정으로 도움을 주는 부모요, 가족으로서 자존감을 키워주는 부모라고 생각한다.

영적 자존감

앞에서 학업 자존감, 사회적 자존감, 신체 자존감과 이름 자존감 및 가족 자존감에 대해 설명했다. 학업을 통해서, 사회적 관계를 통해서, 신체 이미지나 능력을 통해서, 자기 이름의 의미를 통해서, 가족 관계를 통해서 자존감을 키워줄 수 있다는 말이다. 즉, 자존감을 키워줄 수 있는 영역이라고 말할 수 있다. 여기까지 읽고 나면 뭔가 충분하지 않다는 생각이 들지 않는가? 자존감이 자기가 중요하게 생각하는 누군가로부터 오는 피드백에 영향을 받는 것이라면 특별한 사정이 있는 사람들의 이야기는 어떻게 설명해야 하는가?

이에 대한 해답으로 영적 자존감(spiritual self-esteem)을 다루면서 자존감 이야기를 마무리하고자 한다.

1. 자존감은 자기를 소중하게 여기는 개인의 심리적인 힘과 느낌이다.

2. 자존감은 중요한 타인(significant others)들의 지속적인 긍정적 피드백을 통해서 형성될 수 있다. 중요한 타인은 주로 부모, 교사, 또래이다.

3. 자존감은 이름 자존감, 학업 자존감, 사회적 자존감, 신체 자존감 및 가족 자존감이 있다.

4. 자존감이 높은 사람은 감사지수도 높고 삶을 진취적이고 긍정적이며 도전적으로 살아간다.

5. 자존감이 높은 사람은 삶의 문제에 봉착할 때 회피하지 않고 해결에 초점을 맞춘다.

6. 스트레스 상황에 직면하게 될 때, 자존감이 높은 사람은 문제 중심의 대처를 한다. 그러나 낮은 사람은 문제를 회피하거나 다른 사람에게서 문제발생의 원인을 찾으려 한다.

7. 자존감은 회복 탄력성을 높여주는 데 중요한 결정요인이다.

여기까지 읽고 보면 뭔가 궁금해지는 점이 있을 것이다.

특별한 장애를 가지고 있어 학업 자존감도 사회적 자존감도 더욱이 신체적 자존감도 키울 수 없는 여건에 있는 사람들이 높은 자존감을 가지고 인생을 성공적으로 살아가는 모습을 어떻게 설명할 수 있는지! 그런 사람들은 우리 주위에 수없이 많다.

예를 들면, 양손과 양발이 없음에도 장애를 극복하고 전 세계를 다니며 사람들에게 희망을 전하는 닉 부이치치, 양팔이 없고 한 다리는 짧은 스웨덴 출신의 가스펠 싱어 레나 마리아, 뇌성마비인데도 아름답고 감동적인 시를 짓는 송명희 시인, 앞에서 소개했던 안면장애 김희아 씨, 양손과 양발이 없는 레슬러 더스틴 카터(2010. 5. 29. 쇼프로그램 〈스타킹〉 출연)까지.

이 사람들이 자기를 사랑하며 높은 자존감을 가지고 긍정적으로 살아가는 삶의 모습을 무엇으로 설명할 수 있겠는가? 필자는 그런 사람들을 볼 때마다 늘 궁금했다. 도대체 저분들이 가지고 있는 내면의 힘은 무엇일까? 겉으로 보이는 것만 가지고는 세상 어느 사람들보다 비관적인 삶을 살아야 하건만 그들은 전혀 아니다. 그들은 일반 사람들의 생각을 뛰어넘어 정신적으로 건강하고 긍정적인 에너지가 넘치는 모습으로 살아간다.

나는 이것을 영적 자존감으로 설명하고 싶다. 가드너가 말한 실존지능도 비슷한 맥락이 아닐까 짐작을 한다. 자존감이란 자기에게 중요한 의미가 있는 사람으로부터 지속적으로 받는 긍정적 피드백에 의해서 형성된다고 말했었다. 그 의미 있는 사람들이 바로 사회적 거울과 같은 역할을 해준 것이다. 자기의 외모가 어떻게 생겼는지를 거울에 비춰보고 알듯이, 자신의 존재감과 자아의 가치는 자신을 바라보는 다른 사람들의 반응에 의해서 스스로 알게 되는 것이다.

그런데 이 세상에 있는 중요한 사람 즉, 의미 있는 타인보다 더 강력한 영향력이 있는 존재가 있다면 누구일까? 부모나 교사, 또래보다 누가 더 강한 존재일까? 그는 인간의 한계를 뛰어넘는 영적인 존재가 아닐까? 사람보다 훨씬 힘이 있고 영향력을 가진 존재! 그런 존재가 자신을 소중하게 대해 준다면 그 또한 자존감 형성에 절대적인 영향을 미친다고 말할 수 있지 않겠는가?

부모가 자녀에게 해 줄 수 있는 일은 한계가 있다. 이 한계를 극복하고 뛰어넘을 수 있도록 영적인 영역에 관심을 가져야 할 것이다. 부모보다 더 절대적인 존재와 연결시켜주는 것이 필요하다.
얼마나 든든한 배경을 가지는 셈인가? 그러한 존재가 자기를 매우 가치 있는 존재라고 인정하고 사랑을 베풀어주는 것을 확신한 사람의 자존감은 다른 영역의 자존감을 다 합친 것과는 비교도 할 수 없을 정도로 강력한 것이다.

앞에서 소개했던 여러 사람들은 바로 그 영적인 자존감으로 인해 자기비하나 열등감에 빠지지 않고 세상을 밝고 긍정적으로 살아가는 사람들이다. 신체적 조건만을 본다면 자기 모습이 사람들에게 혐오감을 주진 않을까 염려하며 당당히 나서지 못할 텐데 전혀 그렇지 않다. 오히려 건강한 신체를 가진 사람들이 부끄러울 정도로 당당하게 살아가고 있지 않은가!

세상에 발을 힘차게 내딛고 인생을 당당하게 살아갈 수 있도록 하는 심리적인 힘! 그것이 바로 자존감이다. 자존감이 높은 사람은 비록 실패를 하더라도 다시 도전하여 결국 일어난다. 왜냐하면 자기는 소중한 사람이니까.

자기의 존재가치를 높이 인정하며 모든 인간적인 조건을 극복하여 겸허한 삶의 자세로 진지하게 사는 삶, 역경을 만나도 극복하여 원래보다 더 좋게 회복되는 삶! 그 기반에 자존감이 자리하고 있는 것이다. 그리고 이런 사람은 당연히 회복 탄력성 또한 높을 수밖에 없다.

***

자존감이라는 한 가지 주제를 가지고 이제껏 긴 이야기를 풀었다. 아동기에 반드시 형성시켜주어야 할 심리적인 힘으로서의 자존감!

　부모와 교사가 키워줄 수 있는 아이들의 자존감을 위해 '따스한 말'을 연습하자. 따스한 말을 하려면 아이들의 문제 행동 그 이면을 봐야 한다. 긍정적 기대를 갖고 가능성을 생각하면서 미래에 소망을 두어야 한다. 어느 아이도 가능성이 없는 아이는 없다.

　스위치 원리의 정신은 긍정적인 기대에서 출발한다. 다시 한번 기억하자. 상처받은 아이의 닫힌 마음을 열어주고, 자존감을 높여주는 스위치 대화의 힘을!

　당위성과 욕구를 스위치하고, 윈디 스타일과 써니 스타일을 스위치하고, 명지강을 버리고 인격질 대화를 할 때 관계는 좋아지고 효과는 높아진다.

　핵심원리를 알았으면 이제 적용하는 일이 남아있다. 적용하다 보면 습관이 될 것이다. 습관만 되면 더 이상 생활지도, 생활교육으로 인한 스트레스는 없다.

　이제 필요한 것은 교사와 부모의 인내와 숙달이다. 부모와 교사가 함께 노력하여 자존감이 훨훨 날아다니는 교실! 생명력이 펑펑 샘솟는 희망의 학교를 기대해보자.

다양하고 개성 있는 아이들이 저마다의 색깔로 행복한 웃음을
날리는 화사한 정원을 꿈꾸면서.

45시간 3학점 원격연수

행복한 교실, 행복한 교사를 꿈꾸는
선생님들을 위한 성찰과 훈련의 시간!

지니샘의
행복한 교실 만들기

어떤 교사가 행복한 교사일까요? 교사가 꿈꾸는 행복한 교실은 어떤 것일까요? 답은 자신과 인생에 대한 통찰에서부터 찾을 수 있습니다.

통찰 –교육이해

1. 행복 교육학을 시작하며
2. 삶을 위한 교육 I
3. 삶을 위한 교육 II
4. 행복 교육학의 전제

통찰 –교사이해

5. 교사의 길
6. 나는 어떤 교사인가 I
7. 나는 어떤 교사인가 II
8. 인간에 대한 이해
9. 에니어그램으로 보는 나 I
10. 에니어그램으로 보는 나 II
11. 에니어그램으로 보는 나 III
12. 에니어그램으로 보는 나 IV

통찰 –아동이해

13. 내가 찾는 아이 I
14. 내가 찾는 아이 II
15. 아이들을 더욱 깊이 이해하기 I
16. 아이들을 더욱 깊이 이해하기 II

운영전략 –환경

17. 학급을 구조화하기 I
18. 학급을 구조화하기 II
19. 기초 환경 다지기 I
20. 기초 환경 다지기 II

운영전략 –심리

21. 따뜻하고 즐겁고 자랑스러운 우리반 I
22. 따뜻하고 즐겁고 자랑스러운 우리반 II
23. 따뜻하고 즐겁고 자랑스러운 우리반 III
24. 따뜻하고 즐겁고 자랑스러운 우리반 IV
25. 학급에서 활용하는 놀이 I
26. 학급에서 활용하는 놀이 II

운영전략 –제도

27. 학급 GROW 코칭
28. 학급 규칙 만들기 I
29. 학급 규칙 만들기 II
30. 학급 절차 만들기
31. 모둠 세우기

인생 기술 –마음과 몸

32. 마음에 대해 이해하기 I
33. 마음에 대해 이해하기 II
34. 명상과 교실요가
35. 감정의 주인 되기

인생 기술 –의사소통기술

36. 의사소통 이해
37. 의사소통 방법

인생 기술 –문제해결기술

38. 문제해결 시작하기
39. 학생의 문제해결능력
40. 교사의 문제해결능력 I – 학생의 문제
41. 교사의 문제해결능력 II – 교사의 문제
42. 교사의 문제해결능력 III – 교사의 문제
43. 교사의 문제해결능력 IV – 학생-교사의 문제
44. 함께 예방하고 해결하기

정리

45. 통합적으로 활용하기

강의 정유진
http://ugenie.net

조현초등학교 교사 / 행복한 교육문화연구회 대표 / EBS 〈선생님이 달라졌어요〉, 〈교실이 달라졌어요〉 전문위원
T.E.T.(교사역할훈련) 트레이너 / 인디스쿨 (전)대표 운영자 / 에니어그램, NLP, EFT 트레이너 / Hypnotist – Master Life Coach